KODOKU NO CHIKARA by SAITO Takashi

Copyright © Takashi Saito 2005
All rights reserved.
Original Japanese edition published by PARCO Publishing Co., Ltd in 2005
Paperback edition published by SHINCHOSHA Publishing Co., Ltd in 2010

Korean translation copyright © 2015 by Wisdom House, Inc.
This renewal jacket version arranged with SHINCHOSHA Publishing Co., Ltd,
through JM Contents Agency Co.

이 책의 한국어판 저작권은 JMCA를 통한 SHINCHOSHA Publishing Co., Ltd.와의
독점 계약으로 ㈜위즈덤하우스에 있습니다.
저작권법에 의해 국내에서 보호를 받는 저작물이므로 무단 전재와 무단 복제를 금합니다.

孤独のチカラ

고요하고 깊게
나를 완성하는
혼자 있는 시간의 힘

사이토 다카시 지음

장은주 옮김

위즈덤하우스

사람들과 함께 있을 때는

온전한 내가 될 수 없다.

삶의 깊이를 맛보려면

어쨌든 고독이 필요하다.

단독자로서 보내는 시간이야말로

타인이 쉽게 넘볼 수 없는

고고함을 만들어준다.

추천사

고독 속에서 키워낸 사유의 힘

이연
96만 유튜브 크리에이터,
『매일을 헤엄치는 법』 저자

누군가 그랬다. 하루 종일 사람들과 시간을 보내고 오면, 방구석에서 저기 나 같은 것 하나가 울고 있다고. 나 또한 스스로를 너무도 외롭게 했다. 돌이켜보면 삶에서 가장 고독한 순간에도, 나만은 스스로를 떠나지 않았는데 말이다.

 최근 내 유튜브 채널 속 7년 전 영상을 다시 보았다. 사실 그동안 나의 과거가 형편없을 것 같아 감히 꺼내지 못했다. 하지만 부끄러운 것은 잠시, 생각보다 단단한 모습에 꽤나 놀랐다. 당시 나는 한 달에 100만 원은 벌까 말까 한 프리랜서였고, 남의 집 화장실만 한 5평 원룸에 4년째 살고 있었으며, 겨울에는 외풍 때문에 항상 실내에서 텐트를 쳐야만 했다. 그럼에도 나는 확신에 찬 눈동자로 목소리를 내고 있었다. 7년 후, 나는 그토록 바라던 작가가 됐다.

내가 꿈을 이룰 수 있었던 힘은, 한 시절 내내 통과해온 고독의 시간에서 비롯되었다고 믿는다. 대화가 필요할 때는 책을 읽었고, 아무도 없어 외로울 때는 그림을 그렸다. 고독했고 지루하기 짝이 없었던 내 고향 제천이, 지나고 보니 내 창작의 가장 중요한 바탕이었다는 걸 서른이 넘어서야 깨닫는다.

지금은 우리 모두 ChatGPT라는 비위 잘 맞추는 거울 하나씩을 갖고 있다. 요즘 내가 그에게 계속 던지는 질문은 '그래서 이게 정말 맞아?'이다. 의심에 대한 답변조차 의심하는 대상에게 기대야 한다는 것에서 회의감을 느낀다.

이제는 그만 묻고 다시 고독 속에 침잠하여, 스스로에게 답하자. 저자가 혼자 있는 시간 속에서 힘을 얻었듯, 우리 또한 고독 속에서 사유의 힘을 키울 차례다.

프롤로그

지금의 나를 만든 것은
10년의 혼자 있는 시간이었다

요즘 사람들은 혼자 있는 것을 두려워한다. 그래서 곁에 아는 사람이 없으면 불안해하는 '불안 증후군'이라는 증상이 생길 정도다.

친구가 없다고 하면 사람들은 대부분 성격이 이상한 사람으로 취급한다. 그래서 친구 없이 지내는 게 두려워 굳이 사귀지 않아도 될 사람들과 계속 사귀는 일도 많다. 그게 편하다면 그 역시 삶의 한 방식이다. 하지만 마음은 계속 불편한데 '혼자' 있는 것의 긍정적인 의미를 알지 못해서 원치 않는 사람들과 시간을 보내고 있다면 수많은 시간을 무의미하게 보내는 것이나 다름없다.

어릴 적에 배운 '1학년이 되면'이라는 노래에는 "친구

100명이 생길까?"라는 가사가 나온다. 하지만 정말 친구가 100명이나 되면 어떨까. 오히려 견디기 힘들지 않을까. 그런데도 왜 사람들은 그렇게까지 혼자 있는 것을 두려워할까.

아마 외로워질까 봐 그럴 것이다. 한겨울의 스산한 바람처럼 누구나 외로움을 싫어한다. 그래서 누군가와 자꾸 함께하려 한다.

공부가 힘든 이유 중 하나는 고독 속에서 혼자 해야 하기 때문이다. 문제집을 푸는 시간도, 책을 읽는 시간도 혼자서 견뎌야 하는 시간이다. 하지만 사람들은 그 잠깐의 시간도 견디지 못해서 텔레비전이나 라디오, 좋아하는 음악을 틀어놓는다. 하지만 집중하지 않으면 원하는 것을 얻을 수 없다.

특히 TV 방송 프로그램은 화면에 나오는 사람들이 친구처럼 느껴지도록 방송하기 때문에, 그것을 본 우리들은 "○○가 지난번에 이런 말을 했잖아" "△△△ 대단하지 않아?"라고 그들과 정말로 친한 것 같이 말하곤 한다. 그런 화제를 가까운 친구끼리 주고받다 보면 마치 그들과 한 무리가 된 것 같은 착각을 일으켜 그 순간에는 외로움을 느끼지 않는다. 하지만 이런 식으로는 내면의 깊이가 생기지 않는다.

요즘의 무시무시한 명품에 대한 인기도 모두 모방 풍조가 강해져서 생긴 결과다. 남들이 갖고 싶어 하니까 나도 갖고 싶다는, 기업이 만들어낸 집단적 욕망인 '브랜드 전략'에 모두가 놀아나고 있다. 남들이 다 가지고 있는 것을 나만 안 가지고 있다는 소외감을 느끼고 싶지 않아 묻지도 따지지도 않고 사고 보는 것이다. 점점 눈앞의 일에 급급해 '나는 누구인가' '산다는 것은 어떤 것인가'라는 근본적인 물음과 마주하는 것에서 멀어지고 있다. 혼자 명품 가방을 보며 자기 성찰을 한다면 말리지는 않겠지만, 솔직히 내 눈에는 남들이 다 사는 물건을 사면서 마음의 허전함을 채우고 있다는 생각밖에 들지 않는다. 브랜드 제품을 매개로 다른 사람들과 연결돼 있다고 생각하는 것이다.

마찬가지로 친한 친구와의 수다도 시간 낭비일 때가 많다. 물론 마음 맞는 친구와의 수다는 즐겁고, 친구와 즐거운 시간을 보내는 것 자체가 인생의 행복일 수 있다. 그 시간이 중요하다는 데에는 나도 이견이 없다. 하지만 수다를 떠는 동안 어떠한 성장이 있다고 보기는 어렵다.

혼자 음악을 들으며 느긋한 시간을 보내는 것은 적어도 나에게는 혼자만의 시간을 잘 활용하는 것이 아니다. 음악을 들을 때는 선율에 몸을 맡기면 되기 때문에 오히려 아무런 생각도 하지 않게 된다. 이것은 수동적인 행위다. 현대 뇌과학 연구에 따르면 음악을 듣고 있을 때 뇌는 거의 움직이지 않는다고 한다.

나는 '혼자만의 시간을 편안하게 보내자' '자신을 치유하자'고 주장하는 것이 아니다. 자신과 마주하는 시간 혹은 자신의 능력을 충분히 키우는 시간을 좀 더 갖자고 말하고 싶다. 뇌를 뜨겁게 달아오르게 하는 지적인 생활이야말로 누구나 경험해야만 하는 '혼자 있는 시간'의 본질이다.

이러한 시간을 보내기 위해서는 많은 에너지가 필요하다. 혼자서 묵묵히 감내해야 하는 부분이 있기 때문에 힘들고 어려울 때도 있다. 물론 혼자서 편안하고 밝게 시간을 보내는 것도 좋다. 하지만 혼자 있는 시간은 그보다 좀 더 의미있게 보내야 한다.

나는 가능하면 에너지가 넘치는 젊은 시기에 자기를 위한 시간을 보내면서 '혼자 있는 시간의 힘'을 받아들이고 경험해보았으면 한다. 친구와 떠들고 술집에서 신나게 젊음을 발산하는 것만으로는 성장할 수 없다.

이 책에서는 혼자 있는 시간에 관해 다양한 각도에서 조명해보고자 한다. 사실 이 시간을 잘 활용하면 더없는 창조적인 시간을 보낼 수 있다.

혼자 있는 시간을 어떻게 보낼 것인가. 거기에서 인생의 갈림길이 나뉜다.

차례

추천사

고독 속에서 키워낸 사유의 힘 _이연　　　　　　　　　　　　　　*006*

프롤로그

지금의 나를 만든 것은 10년의 혼자 있는 시간이었다　　　　　*008*

1
기회는 혼자 있는 순간에 온다

내 인생이 10년 만에 뒤바뀐 이유	*019*
혼자만의 시간이 항상 주어지는 것은 아니다	*024*
누구도 꿈을 대신 이뤄주지 않는다	*028*

2
적극적으로 혼자가 돼야 하는 이유

함께 있다고 다 좋은 영향을 주고받는 것은 아니다	*035*
모두와 잘 지내기 위해 노력하지 마라	*040*

남의 인정이 독이 될 수도 있다   *044*
상대적으로 평가하지 말고 절대적으로 평가하라   *048*
끝까지 나를 믿어줄 사람은 나뿐이다   *050*
중요한 순간에는 관계도 끊어라   *053*
혼자 잘 설 수 있어야 함께 잘 설 수 있다   *058*
세상과의 거리 두기가 필요할 때   *061*

3
기대를 현실로 바꾸는 혼자만의 시간

지금 자신의 상태부터 파악하라   *067*
외로움을 극복하기 위한 세 가지 기술   *083*
자기 긍정의 힘을 키워라   *094*
버려야 할 감정은 빨리 흘려보내라   *099*
생각만으로 안정감을 주는 마인드컨트롤   *103*
몸의 상태가 기분의 상태를 결정한다   *110*
생각의 균형을 잡아라   *114*
마음을 안정시키는 소리는 따로 있다   *118*
나만의 창의적인 방법으로 재충전하라   *122*

4
혼자인 시간이 나에게 가르쳐주는 것들

떠날 수 있는 용기	*129*
자유롭게 그러나 현실적으로	*132*
우울한 세상을 지나가는 법	*137*
책은 모든 것을 말해준다	*142*
과거에서 오늘의 답을 찾아라	*150*
스스로 동기부여 하는 방법	*155*
혼자 있을 때, 볼 수 없던 것을 본다	*160*
비약적인 성장을 위한 조건	*168*
능력보다 중요한 자기 기대감	*172*

5
누구에게도 휘둘리지 않는 내가 되기 위하여

한계를 알아야 가능성도 알 수 있다	*179*

풍부해진 감정을 이용하라	*185*
이해해야 이해받는다	*192*
언제든 자신을 돌아볼 수 있는 의식을 가져라	*196*
익숙한 것과 단절하라	*201*
나쁜 감정도 에너지로 바꿀 수 있다	*205*
혼자인 시간을 피할수록 더 외로워진다	*208*
고전에 의지하라	*213*

에필로그 *219*

해설

혼자 있는 시간을 어떻게 보내느냐가
당신의 미래를 결정한다 _코이케 류노스케 *223*

1

기회는
혼자 있는
순간에 온다

내 인생이
10년 만에
뒤바뀐 이유

나는 지난 1년 동안 30권 이상의 책을 냈다. 그 외에도 강연과 수업, 방송 출연과 감수 등 나조차 이유를 알 수 없을 만큼 많은 일을 하고 있다. 일이 많은 것이 매우 고맙기는 하지만 동시에 내 머릿속에는 한 가지 생각이 떠올랐다.

'왜 10년 전에는 지금처럼 일이 많지 않았을까?'

지금 내가 주장하고 있는 낭독법이나 호흡법, 초등학생 대상의 학원 '사이토 메소드'에서 하고 있는 것들은 모두 10년 전에 완성되었다. 즉, 10년 전에도 나는 지금과 똑같은 일을 할 수 있었다. 아니, 지금보다 더 에너지가 넘치고 머리 회전도 빨랐다. 그러나 그때 나를 찾아준 사람은 아무도 없었다. 그때의 한이 지금의 나를 이렇게 빡빡하게 일하게 하는 것인지도 모른다.

일을 할 수 없었던 시절에 대해서는 솔직히 떠올리고 싶지 않다. 지독하게 고독했다. 하지만 만일 그때의 이야기가 지금 고독에 몸부림치는 사람, 집단에서 뛰쳐나가고 싶지만 외로워질까봐 주저하는 사람에게 격려가 된다면 나름 의미가 있지 않을까.

대입에 실패한 열여덟 살부터 메이지대학에 직장을 얻은 서른두 살까지 10여 년간은 나에게 고독의 늪이었다. 나는 그 시기를 암흑의 10년이라고 부른다.

제1고독기는 재수 시절부터 대학 1, 2학년 때까지다. 젊을 때 혼자 사는 것을 동경하는 사람도 많지만, 나는 북적대는 집안에서 자라서인지 도쿄에서 혼자 사는 게 전혀 즐겁지 않았다. 누워서 하숙집 천장을 바라보고 있으면 '우주 한 구석에 나만 남겨진 듯한' 을씨년스러운 기분이 들었다. 그뿐 아니라 '재수 생활'이라는 특수한 상황 때문에 인생을 내 마음대로 살 수도 없었고 공부만 해야 한다는 생각뿐이었다. 인생에 족쇄가 채워진 기분이었다.

재수생에게 대입 시험이란 올림픽이나 국제대회에 가깝다. 시험은 1년에 한 번, 단 하루에 1년 동안 쏟아부었던 노력이 평가된다. 현역 수험생이라면 몇 년 동안 쏟아온 힘을 그대로 발휘하면 되지만 재수생은 상대적으로 더 절박하다. 중요한 날이니 '컨디션이 좋지 않다'는 말로 합리화할 수도 없다.

서른을 넘기면 인생에서 1년 정도는 늦어도 상관없다고 대범하게 말할 수 있다. 지금의 나라면 '1년 늦은 것 정도야' 하겠지만 10대 때 1년은 한없이 긴 시간으로 느껴졌다. 사실 고등학교 시절, 운동에 빠져 입시 준비를 제대로 하지 못해서 재수를 했지만 그렇더라도 다시 1년을, 대입을 위해 허비해야 한다는 것 자체가 스스로 용납되지 않았다. 어디에도 속하지 못하는 상황도 나를 불행하게 만들었다.

제2고독기인 직업을 찾던 시기에도 이때와 비슷한 고뇌를 맛보았다. 예를 들어 '○○대학의 학생이다' '△△사의 사원이다'라고 하면 심리적으로 안정감을 얻는다. 하지만 대입에 실패한 나는 어디에도 발붙일 곳이 없었다. 학원생이었지만 아침잠이 많아 학원을 제대로 다니지 못했기 때문에 제대로 소속감을 느끼지 못했다.

그때는 뒤처진 시간이 무의미하지 않다는 것을 반드시 증명하겠다는 집념이 무엇보다 강했던 것 같다.

대학에 들어가서는 현역으로 들어온 한 살 아래 학생들

에게 반말을 듣고, 원래대로라면 동급생일 선배들에게 함부로 불리는 게 기분 나빠서 견딜 수가 없었다. 나에게는 1년이라는 시간 동안 엄청난 정신적 수행을 쌓았다는 자부심이 있었기 때문이다.

대학생의 필수 활동인 '서클' 활동은 거의 증오했다. 서클은 원래 '원'이라는 의미이지만, 모두가 어깨를 감싸고 노래라도 불러야 할 것 같은 화기애애한 분위기가 너무 불편했다.

나는 위험 인물이었다. 사사건건 시비를 걸었고, 제대로 사귈 수 없다면 차라리 아무도 사귀고 싶지 않았다. 하지만 현실은 녹록치 않았고, 유일하게 친하게 지내는 친구 역시 나와 비슷한 부적응자였다.

책도 유행하는 베스트셀러는 절대 읽지 않겠다고 고집을 부렸다. 대학에 들어간 무렵을 전후해서 무라카미 하루키의 데뷔작 『바람의 노래를 들어라』가 유행했지만 나는 그 작품을 읽기까지 상당한 시간이 걸렸다. 『바람의 노래를 들어라』에서는 주인공을 통해 모두가 동경할 만한 고독이 표현되고 있지만, 그것은 내면의 큰 고민 없이 겉보기에만 그렇게 보이는 외적인 고독일 뿐 내가 경험한 내면적인 고독과는 느낌이 달랐다. 서른이 넘어 고독을 극복하고 사회생활을 시작할 생각으로 그 책을 읽었을 때는, 작품에 대한 공감과는 별개로 추억이 깊이 사무쳤다. 대학 시절, 지독했던 고독의 시간이 떠올랐기 때문이다.

젊은 혈기였다고 변명할 수도 있겠지만 그때의 고독은 지금의 나라면 틀림없이 경멸했을, 시답잖은 자존심에 지나지 않았다. 하지만 그때는 그런 식으로 나를 지킬 수밖에 없었다. 언제 터질지 모를 시한폭탄 같은 고독 속을 살아가고 있었기 때문이다.

그때 나는 모든 것에 한을 품었다. 되는 일이 없었기 때문에 사람에게도, 상황에도 적개심을 품었다.

'이대로 끝나지 않아. 열 배, 스무 배로 복수해주겠어.'

<u>그 시절을 지나면서 나는 혼자 있는 시간에 느끼는 고독감을 엄청난 에너지로 바꿀 수 있다는 것을 알게 되었다.</u>

혼자만의 시간이
항상 주어지는 것은
아니다

고독의 시간을 보내던 나는 평소에 거의 사람들과 말을 섞지 않았다. 아니, 말을 거는 사람이 없었다. 서점이나 목욕탕에서 가볍게 목례를 하고 식당에서 주문을 한다. "고맙습니다"라는 판에 박힌 인사말을 들으며 하루를 마감한다. 그런 외로움 속에서 나는 저절로 사람들과 멀어져 갔다.

돌이켜보면 그 무렵 읽었던 책이 지금도 내 인생의 책이다. 그 책들을 모아 보니 어둠 그 자체다. 유서 같은 것을 읽기 좋아했으니 어느 정도였는지 짐작이 갈 것이다. 『어느 메이지인의 기억』이라는 아이즈 번사(藩士, 일본 무사의 한 종류)의 유언이나 『베토벤의 생애』 『고흐의 편지』 외에도 밀

레나 괴테와 같은 인물에 감정을 이입하여 탐독했다.

베토벤 교향곡 제5번 '운명'을 한껏 크게 틀어놓고 귀가 들리지 않게 된 베토벤과 나를 동일시하고, 고흐의 화집에 실려 있는 그의 자화상을 보며 고갱과 사이가 틀어져 귀까지 자른 그의 비통함에 빠져들었다.

어릴 적부터 신동으로 추앙받던 모차르트도 어쩔 수 없는 외로움을 맛보았을 것이다. 어느 누구도 모차르트가 가진 재능을 진정으로 이해할 수 없기 때문이다. 그때의 나는 넘치는 재능을 지닌 고독한 위인의 인생관이나 심리 세계에 심취했다. '아, 이 사람과는 통하는 데가 있구나'라고 하면서 정신적인 친구를 꽤 늘리고 있었다. 또 특출한 사람이 안고 있는 고독감이나 누구도 이해해주지 않아 생기는 외로움과 초조함을 아주 친근하게 느꼈다. 괴테 아저씨나 고흐 아저씨의 존재는 나의 유일한 등불이었다.

돌이켜보면 그때 내가 공감할 수 있었던 가장 현대적인 인물은 기껏해야 고바야시 히데오(일본의 평론가)였다. 당시의 나는 시대의 변화를 전혀 따라가지 못했고, 과거의 인물들에게만 몰두했다. 그러나 그런 행동은 나에게 사자(死者)와 교신하는 듯한, 마치 다른 사람과는 다른 시공을 살아가는 것 같은 신비로운 쾌감을 안겨주었다. 나는 고독의 암흑 속에서 한 줄기 빛을 향해 떠다니고 있었다.

그리고 또 한 사람, 사카구치 안고에 빠져들었다. 그는 『추락론』을 비롯한 활기차고 거침없는 에세이로 인기였지만, 나는 『돌의 생각』이나 『마의 퇴굴』 같이 깊은 고독에 대해 엮은 작품이 좋았다. 그는 불교에 심취하여 산스크리트어를 배우고 공부에 지나치게 빠져든 나머지 신경쇠약에 걸린다. 그렇게까지 극단적으로 고독을 추구했던 사람들에게 나는 동질감을 느꼈다.

어학에도 깊이 빠져들었다. 나는 수험 과목 중 영어에 자신이 있었지만, 시험 준비보다는 버트런드 러셀(영국의 논리학자, 철학자, 수학자)의 작품을 읽는 게 훨씬 좋았다. 시험 준비 측면에서는 아무 도움이 되지 않았지만, 러셀의 작품을 영어로 읽을 때마다 '인생의 깊은 진리를 이렇게 매끄럽게 표현할 수 있는 사람이 있다니, 영어는 정말 아름다운 언어구나!' 하고 희열을 느꼈다.

나는 당시 "오, 예스" "오브코스" 같은 의미가 옅은 공허한 영어 대화에는 반감을 가졌지만, 러셀의 아름다운 영문을 접하고 있으면 깊이 있는 인생이 말을 걸어오는 것 같아 금세 기분이 좋아졌다. 영어 시험에 러셀의 글이 나오면 출처를 볼 것도 없이 '이 글은 러셀의 것'임을 바로 알아챘다.

또한 나만 알고 있을 거라는 생각에 한껏 기분이 고조되어 답안지를 앞에 두고 나도 모르게 쾌재를 불렀다.

재수 시절로부터 25년이 지났지만 신기하게도 그 무렵의 초조함이나 불안감에 대한 기억은 전혀 사라지지 않는다. 사라지기는커녕 아직도 생생하다. 하지만 지금 내가 가지고 있는 일에 대한 의욕을 뒷받침하고 있는 게 있다면 그것은 분명 그때 느꼈던 고독에 대한 기억이 아닐까.

지금은 정신적으로나 시간적으로 그렇게까지 나 자신을 고독으로 몰아넣는 것이 불가능하다. 그렇기에 더욱 그 무렵 혼자였던 시간이 정말로 귀중한 시간이었다는 것을 다시 한번 깨닫는다.

누구도
꿈을 대신 이뤄주지
않는다

　대학 3, 4학년부터 조금씩 인간관계가 풀리기 시작했지만 대학원에 들어가자 또다시 혼자가 되었다. 안타깝게도 대학원이 나와 전혀 맞지 않았기 때문이다.

　나는 일본의 교육을 바꾸고 싶다는 큰 뜻을 품고 대학원에 진학했다. 하지만 다른 사람들의 생각은 나와 너무도 달랐다. 나는 항상 날을 세우고 다녔다. 말 한마디, 행동 하나하나에서 그것이 느껴졌다. 교수와도 잘 지내지 못했고, 매사에 의욕이 나지 않아 매일 뮤지컬 영화를 보러 다녔다. 왜 뮤지컬 영화였는지는 지금 생각해도 잘 모르겠다. 아마 조금이라도 기분이 좋아지고 싶어서가 아니었을까. 석사 논문도 2년 동안 거의 쓰지 못해 결국 논문을 전혀 쓰지 않는 대학원생이 되었다.

나는 대학원이라는 곳을 근본적으로 잘못 생각하고 있었다. 나에게 필요한 것은 일이었다. 그런데 일과 가장 먼 곳에 오게 된 것이었다. 항상 초조했고, 강의실에서 수업을 들어도 실력이 늘지 않아 더 초조해졌다.

그래서 어떻게 했을까.

틀어박혔다.

당시 도쿄대 교육학부에서는 아이들을 불러 수업할 수 있도록 강의실에 다다미를 깔았다. 그 다다미방은 가끔 세미나를 할 때 사용되었지만 대부분의 시간은 비어 있었다. 원래 대학원생에게는 개인 연구실이 주어지지 않았다. 하지만 나는 다다미방을 좋아해서 자연스럽게 그 방에 틀어박혀 있었다.

거의 불법 점거에 가까웠을 것이다. 아무리 대학원생이라고 해도 그토록 긴 시간을 그곳에서 머물기는 불가능했다. 아마 내가 다른 사람에게 나쁜 기운을 풍겼기 때문에 가능하지 않았나 싶다. 지금 생각하면 미안할 뿐이다. 나는 박사 과정에 들어가서도 매일 밤 11시까지 학교에 있었고, 집으로 돌아갈 시간이면 정문이 이미 잠겨 담을 넘어 다녔다. 왜 그렇게 오랜 시간을 한곳에 있었는지 모르겠다. 담을 넘어 돌아가던 날들, 그동안 나는 쭉 다다미방에서 공부했다. 선잠이 드는 날은 셀 수 없이 많았고 일상의 대부분을 그곳에 해결했다. 그리고 그 이상 열심히 하는 것은 불가능하다고 생각할 만큼 필사적으로 공부에 매달렸다.

그런 나를 이해해주는 사람은 없었다. 나를 이해해주지 않는 사람들과는 만나고 싶지 않았다. 사소한 대화는 물론 중요한 일이나 나만의 아이디어 같은 것도 절대 이야기하고 싶지 않았다. 아이디어를 도둑맞을지도 모른다는 속 좁은 생각 때문만은 아니었다. 이야기를 하면 상대에게 에너지를 빼앗기는 것 같은 기분이 들었기 때문이다. 물론 당시에는 진심이었지만 지금은 전혀 그렇게 생각하지 않는다. 오히려 뭐든 말해버려서 큰일일 정도다.

그렇게 생각을 머릿속에 쌓는 것으로 정말 생산성이 올랐는지는 잘 모르겠지만, 박사 과정에 올라가고 나서는 논문을 눈에 띄게 많이 쓰기 시작했다. 물론 논문은 전혀 돈이 되지 않았다. 하지만 그 외에는 할 일이 없었고 무모하게도 나는 이미 결혼한 몸이었다. 남자는 혼자일 때 대부분 성실하지 않지만 결혼을 하면 갑자기 운명을 짊어진 것 같은 각오가 생긴다. 그것을 표현할 방법이 나에게는 논문밖에 없었고, 논문을 하나의 직업처럼 차례차례 정리해갔다. 이것이 제2고독기의 추억이다.

제3고독기는 대학원생이라는 신분도 잃고 무직에 아이까지 있던 시절이다. 그 몇 년은 말할 수 없을 정도로 비참했다. 그 무렵 나와 술을 마셨던 사람들에게 상당한 폐를 끼쳤기 때문에 이 자리를 빌려 사과하고 싶다.

암흑의 10년은 유소년 시절부터 기분 내키는 대로 자유롭게 자랐던 내가 뜻하지 않게 빠져든 함정이었다. 이전에는 혼자 있으면서 고독을 경험한 적이 없었기 때문에 정신적인 균형을 잃고 위태로웠던 적도 있었다. <u>그러나 고독을 극복하면서 단독자임을 자각할 수 있었고, 오로지 혼자서만 도달할 수 있는 지점이 있다는 것도 알게 되었다.</u>

등산하는 팀에서는 함께 있어도 모두가 단독자다. 누구도 산에 올려주지 않을 뿐 아니라 대신 올라가주지도 않는다. 나는 등산을 좋아하지 않지만, 정신적 등산에는 자신이 있다. 만약 거기에 다른 사람이 있어준다면 그 나름대로 좋겠지만, 어디까지나 단독자끼리 가끔 함께 올라가는 방식으로 오르고 싶다.

2

적극적으로 혼자가 돼야 하는 이유

함께 있다고
다 좋은 영향을
주고받는 것은 아니다

무리 지어 다니면서 성공한 사람은 없다.

뭔가를 배우거나 공부할 때는 먼저 홀로서기를 해야 한다. 머리의 좋고 나쁨이나, 독서의 양보다는 단독자(單獨者, 현대인은 자신의 자유와 주체성을 버리고 집단 속에 묻혀 자기를 잃어간다. 그 전체, 즉 집단의 반대편에 서는 존재를 키에르케고르는 '단독자'라는 개념으로 설명했다)의 자질이 필요하다.

나의 수업은 수강생이 이삼백 명 정도라 큰 강의실에서 이뤄지는데, 사실 그들의 대부분은 친구와 함께 온 학생들이다. 혼자 온 학생은 손에 꼽을 정도다. 그중에는 가끔 수업을 함께 들을 친구가 없어 혼자 왔다는 학생도 있으니, 자발적으로 혼자 수업에 온 학생은 더 적을 것이다.

학생들은 그런 식의 함께 있는 관계가 서로 부정적인 영향을 주는 관계임을 깨닫지 못하고 "친구도 같은 수업을 들어서 함께 온 건데 그게 왜 나쁜 건가요? 수업 중에 잡담을 하는 것도 아닌데……"라고 이야기한다. 하지만 내가 보기에는 옆에 친구가 있으면 학습에 몰입하기 힘들다. 그래서 제대로 배우려면 친구와 함께 있지 말고 떨어지라는 말을 항상 한다.

하지만 그렇게 설명해도 학생들은 잘 이해하지 못한다. 실제로 친구와 떨어져 각자 자기 자신과 마주하면 함께 있을 때는 알 수 없던 것들을 느끼게 된다. 그래서 자신과 마주하는 일대일 대화가 중요하다.

책을 읽을 때는 저자와, 수업 중에는 담당 교수와 서로 진지하게 소통할 때 열매를 맺을 수 있다. 반대로 많은 사람 속에 섞여 있다는 생각이나 태도로 임하면 딱 그만큼만 얻을 수 있다. 배움의 힘도 떨어진다.

물론 평소에는 다른 사람들과 사이좋게 지내는 게 좋다. 하지만 원래 학습에 대한 최고의 마음가짐은 스스로 단독자라는 점을 이해하는 것이다. 그래서 나는 종종 함께 수업 받는 관계를 없애려고 학생 전원의 자리를 바꾸도록 한다.

전혀 알지 못하는 사람끼리 2인 1조로 짝만 지워도 태도가 달라진다. 그 모습은 꽤 흥미롭다.

이런 수업을 나는 그루핑 게임이라고 하며, 초등학생 대상의 학원에서도 실시하고 있다. 그루핑 게임이란 백 명 정도의 아이들을 각자 자유롭게 걷게 하다가 "남녀 합해 5명" "이번엔 3명" 등 인원수에 맞춰 그룹을 만들게 하는 놀이다. 이 게임에서는 되도록 짧은 시간에 그룹을 만들어야 하는데, 얼핏 보면 그룹 만들기 게임처럼 보이지만 사실은 단독자 게임이다. 예를 들어 5명의 그룹을 만들어야 하는데 6명이 되었다면 누군가 한 사람은 빠져야 한다. 즉, 단독자가 될 수 있는 사람이 없으면 영원히 그 그룹은 5명이 될 수 없다. 이 게임을 여러 번 반복하면 아이들의 움직임이 달라진다. '사이토 메소드'에서는 초등학교 1~3학년 정도면 그룹을 만드는 데 20초 정도가 걸리지만, 이런 훈련이 되어 있지 않은 아이들은 게임에 적응하지 못한다. 그 정도로 혼자가 된다는 것은 어려운 일이다. 이 게임은 친구와 떨어지거나 일부러 자신이 빠져주는 것 그리고 마지막에 혼자 남아도 괜찮다고 생각하는 것이 학습의 기본이라는 것을 익히기 위한 게임이기 때문에 의미가 깊다. 현대인들에게는 꼭 필요한 게임이다.

지금은 친구와 함께하는 것이 초등학교, 중학교, 고등학교에서 괴롭힘을 당하지 않기 위한 하나의 생활의 지혜가 된 것 같다. 그러나 그렇게 생각하기 시작하면 학급에서 어떤 그룹에든 속하기 위해 발버둥치게 된다. 따돌림 당할까 봐 혼자 있는 게 두려워지기도 한다. 그런 습관이 몸에 배면 혼자 있을 때 마음이 불안정해져서 점점 혼자 있는 상황을 피하게 된다.

그런 의미에서는 누구와도 그룹을 만들 수 있는 사람이 단독자로서의 자질이 높다고 할 수 있다. 대학에서는 4인 그룹을 만들어 서로 발표하고 우수한 사람을 뽑아 한 명씩 제외시켜가는 수업도 한다. 이때 서로 아는 관계라면 공정하게 제외될 사람을 지목할 수 없고, 아는 사람이 여럿이라면 한 명만 제외시키는 것에 부담을 느낀다. 하지만 모두가 단독자라면 어설픈 배려는 필요 없다. 화가 오카모토 다로도 『내 안에 독을 품고』에서 이렇게 말한다.

아무튼 모두 자신을 너무 소중히 여긴다. 모두에게 사랑받고 싶어 진짜 자신의 모습을 밖으로 드러내지 않는다. 스스로도 그것을 느낄 터이고, 상대 또한 그것을 알기에 깊이 사귀려 하지 않는다.

어째서 모든 친구에게 유쾌한 사람이 되어야 할까. 이런 성격의 사람이라면 자동적으로 모두를 배려하겠지만, 그것은 타인을 위해서라기보다 결국 자신의 마음을 편하게 하기 위한 것임을 알아야 한다.

더 엄격하게 자신을 객관적으로 바라보면 어떨까.

친구에게 호감을 살 생각은 접고 친구로부터 고립되어도 좋다고 마음먹고 자신을 관철해가면 진정한 의미에서 모두를 기쁘게 하는 사람이 될 수 있다.

_오카모토 다로, 『내 안에 독을 품고』 중에서

나에게는 중학교 때부터 대학원 시절까지 쭉 함께한 친구가 있다. 이런 말을 하면 "뭐야, 혼자가 아니라 오랫동안 함께한 친구가 있었다는 거잖아"라고 하겠지만 대학이나 대학원에서 사귄 친구 중에 그와 내가 중학교 때부터 친구였다는 사실을 알고 있는 사람은 거의 없었다. 왜냐하면 우리는 대부분 함께하지 않았기 때문이다. 같은 과제를 할 때도 그와 나는 전혀 다른 곳에서 했다. 그래야 좋은 긴장감을 유지할 수 있기 때문이다.

그 친구와 자주 만나지 못하지만 아직까지도 그와의 우정은 확실히 든든한 힘이 된다.

모두와
잘 지내기 위해
노력하지 마라

내 강의에는 '다른 집단에 속할 수 없었다'는 학생들이 종종 모여든다. 집단에 완벽히 속하지 못했다는 생각에 계속 있기도, 빠지기도 애매했다는 학생들도 내 강의에서는 갑자기 생생해지는 일이 많다.

잘 살펴보면 그런 학생들이, 집단에 잘 섞여 있는 학생들에 비해 에너지가 확실히 높은 편이라는 것을 알 수 있다. 자신에 대한 기대치도 지나치게 높아서 수준이 다른 사람과 잘 어울리지 못하는 경우도 적지 않다.

스스로에게 기대하는 힘, 나는 이것을 '자기력(自期力)'이라고 부른다. 젊을수록 '나는 이대로 끝날 사람이 아니야'

'나는 평범한 사람들과는 달라'라는 생각이 강하다. 나도 그 시절, 그런 생각을 가지고 있었기 때문에 과 친구들 같은 또래들에게는 거슬리는 존재였을 것이다.

사실 그때의 나는 남을 미워하거나 혐오하지는 않았다. 하지만 평범한 사람들 가운데서 묻히고 싶지 않다는 생각이 거만함으로 분출되고 있었다. 칭찬받을 일은 아니지만 그래서 그 기분을 잘 이해할 수 있다.

흥미롭게도 자기력 에너지가 높은 사람끼리는 서로 위화감을 느끼지 않는다. 이런 집단은 적당히 어우러져 있는 집단과 확연히 분위기가 다르다. 적당히 어우러져 있는 집단은 말하자면 일종의 담합 상태다. '이 정도의 나에게 만족한다'는 안도감이 생겨 서로에게 '좋아' '괜찮아'라고 하면서 스스로에 대한 입찰 가격을 낮게 책정한 채 마음을 놓는다. 하지만 자신에 대한 기대가 높은 단독자는 담합으로 자신의 입찰 가격을 낮게 책정하지 않는다. 아주 높게 책정한다. 그래서 높은 기대치에 대한 엄청난 부담감을 느끼는 동시에 그 기대치를 충족시키기 위해 힘을 길러야 한다고 생각한다.

아사노 아쓰코의 소설 『배터리』에 나오는 하라다 다쿠미는 자기력에 의해 성장해가는 소년이다. 다쿠미는 투수로서의 자기 재능에 절대적인 자신감을 갖고 있다. 홀로 연습에 몰두하고, 그런 노력을 통해 스스로에 대한 깊은 신뢰를 다진다.

그는 좋은 습관을 갖고 있지만, 강속구를 던지는 자신을 스스로 에이스라 말하는 건방진 캐릭터이기도 하다. 심지어 친구에게조차 "함부로 손대지 마"라고 말한다.

다쿠미는 스스로도 자신을 다루기 어렵다고 생각하지만 사춘기 때는 누구에게나 어느 정도 다루기 어려운 면이 있게 마련이다. "가까이 오지 마, 손대지 마"라고 말하는 오만한 당당함도 인생에서 누구나 한 번은 갖는 빛남일 것이다.

이 시기에는 가족 안에 있어도 단독자가 되려고 한다. 그러나 나이를 먹으면서 대부분 그런 생각은 사라진다.

자기력은 언제까지 유지할 수 있을까. 나는 자기력을 계속 유지하게 하는 힘은 '젊음'이라고 생각한다. 나의 경우, 서른다섯 살이 될 때까지도 자기력을 유지했다. 아무도 상대해주지 않았지만 그 나이가 돼서도 '내 실력은 이 정도가 아니다'라는 자부심이 남보다 월등하게 높았다.

그 기저에는 어제의 나, 1년 전의 나, 10년 전의 나…… 즉, 어느 구획마다 과거의 나와 단절하고 완전히 새로운 사람으로 성장하고 싶다는 바람이 있었다. 가족이나 주위 사람들에게는 똑같아 보여도 삼단 발사 로켓처럼 과거의 나를 분리하면서, 아득히 높은 곳을 향해 가고 싶었다. 그만큼 나 자신에 대한 기대와 자부심이 컸다.

남의 인정이
독이 될 수도 있다

높은 에너지를 능숙하게 표출하지 못하면 위험해진다. 넘치는 에너지를 제대로 활용하지 못하면 결과적으로 자신을 상처 내거나 세상에 대한 적대심만 갖게 된다.

이때 중요한 것이 자기 객관화다. 세상이 나를 어떻게 보고 있는지, 세상에서 바라보는 나는 어느 정도 위치에 있는지 정확히 파악해야 한다.

주관적인 평가는 달콤할 수 있다. 스스로에게 점수를 후하게 주면서 '지금의 나는 진짜 내가 아니야'라고 속일 수도 있다. 하지만 그래서는 자신을 객관적으로 볼 수 없다. 자신을 성장시키는 톱니바퀴가 멈추게 되어 겨우 생긴 에너지가 세상과 맞물리지 못하고 공회전만 할 뿐이다.

지금 당장 인정받지 못하는 것은 어쩔 수 없다고 해도, 이도 저도 아닌 자신을 받아들이기란 쉬운 일이 아니다. 그럴 때 내가 스스로에게 걸었던 주문은 "성과를 내라"는 한마디였다.

나는 이 다섯 글자를 써서 눈에 잘 띄는 곳에 붙여두었다.

성과를 내려면 다양한 노력을 아끼지 말아야 한다. 그러나 젊은 시기에는 목표가 있어도 추상적인 신념에 사로잡혀 고민만 하기 쉽다. 그러다 보면 뭔가 큰일을 해야만 한다는 압박에 사로잡혀 결국 자신을 성장시키는 구체적인 행동까지는 하지 못하는 비극이 일어난다.

나는 그렇게 되지 않으려고 '현실을 직시하라' '성과를 내라'고 스스로에게 끊임없이 말해왔다. 큰사람이 되기 위해 스스로에게 미션을 주었던 것이다.

나도 모르게 '좋은 상사를 만났더라면' '그 대학에 합격했더라면' 하는 '~라면' '~했더라면' 같은 말을 할 때도 있었지만, 그런 변명은 승부의 세계에서 절대 통하지 않는다. 결과가 전부이기 때문이다. 자신의 인생에 대해서도 항상 승부 의식을 가지면 어떤 일에든 진지하게 임할 수 있다.

남아돌 거라 생각했던 에너지도 시간이 갈수록 점점 줄

어든다. 특히 30대 이후를 살아가려면 젊은 시절에 에너지를 기술로 전환해둘 필요가 있다. 예를 들어 자전거는, 넘어지는 것이 아무렇지도 않은 시기에 타는 법을 배우지 않으면 나중에는 배우기가 힘들다. 실패를 두려워하지 않고 도전하려면 에너지가 필요하다. 물론 나이가 들어서도 새로운 일에 도전할 수 있지만 그럴 수 있는 사람들은 대부분 젊은 시절에 습관처럼 도전을 해온 사람들이다.

에너지가 넘치는 젊은 시기에 기술을 익혀두면 얼마간의 공백이 있어도 바로 다시 다양한 활동에 응용할 수 있다. 그 기술로 사회에서 인정받을 수도 있다.

그렇다면 기본적으로 혼자만의 시간을, 스스로를 단련하는 시간이나 에너지를 기술로 전환하는 시간으로 파악해야 하지 않을까. 실제로 고독한 시기에 자신을 단련한 경험이 있는 사람은 필요하면 언제든 그 상태로 돌아갈 수 있다.

어른이 되면, 사춘기 때처럼 자신을 몰아붙이는 듯한 고독이 필요 없다고 생각하는 사람도 있다. 그러나 사람은 고독할 때 힘을 키울 수 있다. 사춘기 때만큼 집중할 필요는 없지만 가끔 한밤에 고독한 영혼을 끌어내보는 것도 의미 있는 일이다.

주변 사람들과 잘 사귀면서도 혼자일 때 나 자신에게 충실한 시간을 보내는 것이 어른이 가질 수 있는 이상적인 고독의 상태가 아닐까.

상대적으로
평가하지 말고
절대적으로
평가하라

어떤 일이든 혼자 단련하고 차근차근 실력을 늘려 완성시키는 것이 중요하다. 공수도와 테니스에 열중했을 때 종종 하던 생각이다. 시합 형식으로 연습하는 것이 재미있어서 승부에 일희일비하다 보면 시간은 금방 가지만, 혼자 실력을 기르는 노력을 하지 않으면 선수로서의 미래는 짧다.

프로야구 선수는 프리 배팅이라 하여 실제로 볼을 치는 연습도 하지만, 뛰어난 선수일수록 혼자서 스윙 연습도 열심히 한다. 스윙은 주위에 사람이 있든 없든 자기 자신과 치열하게 싸워나가는 연습법이다. 메이저리그의 마쓰이 히데키 선수는 요미우리 자이언츠 시절에 나가시마 시게오 감독과 함께 자주 스윙 연습을 했다고 한다. 캠프나 원정 훈련을 가서도 마쓰이가 나가시마 감독 방에서 스윙 동작을 취하면 배트가 허공을 가르는 소리에 감독이 '좋다' '아니다'라고 눈으로 반응하는, 무언의 대화를 나누었다는 에피소드도 있다.

당시 나가시마 감독은 스윙 마니아로, 현역 시절에는 한밤중에 벌떡 일어나 스윙 연습을 자주 했다. 한밤중에도 타격 폼이 걱정돼서 연습하지 않고는 견딜 수 없었다고 하니 역시 대단한 선수는 다르다는 생각이 든다. 보통 선수들이라면 연습 후에 술 한잔 하고 푹 잠들지 않았을까.

<u>흥미롭게도 재능이 많은 사람일수록 혼자일 때 자신이 이루어야 할 세계에 대해 생각한다. 즉, 혼자만의 시간에 깊이 생각한다는 것은 재능의 증거이기도 하다.</u>

나는 더 많은 사람들이 혼자 있는 시간에 대해 긍정적이고 창조적인 이미지를 가졌으면 한다. 그 시간을 지나온 사람이 다른 사람들에게 '아, 이 사람은 속이 깊구나!' '빛나고 있구나!' 하는 생각을 갖게 한다는 것은 틀림없이 기쁜 일이기 때문이다.

끝까지
나를 믿어줄 사람은
나뿐이다

예술가 중에는 고독을 잘 극복한, 강한 정신력의 소유자가 많다. 헨리 밀러나 피카소 같은 예술가들은 하루도 여자 없이 살 수 없을 것 같은 이미지이지만 사실은 고독과 가까운 사람들이었다.

나는 요시다 겐코의 『도연초』를 좋아한다. 『도연초』를 읽으면 겐코 역시 혼자만의 시간을 무척 중요하게 생각했다는 것을 알 수 있다. 『도연초』에는 "한가해서 쓸쓸한 것을 고민한다는 것은 대체 어떤 기분일까. 다른 어떤 일에도 관여하지 않고 혼자 있는 것이 가장 바람직한 일이련만"이라는 구절이 나온다. '혼자여도 괜찮다'는 마음이 있으면 조금씩 고독을 두려워하지 않는 강인함이 생긴다.

시인이자 작가인 메이 사튼도 스스로 단독자의 길을 선택함으로써 실의의 밑바닥에서 치고 올라왔다. 사튼은 자신이 동성애자라는 것을 밝히면서 대학교수직을 잃고 작가로서의 입지도 위태로워졌다. 거기에 실연, 아버지의 죽음 등의 불행도 겹쳤다. 사튼은 전혀 연고가 없는 곳으로 홀로 떠나 살면서 스스로의 고독을 바라보며 새로운 출발을 다짐한다.

사튼은 『혼자 산다는 것』에서 "고독은 도전이며 그 속에서 균형을 유지하는 것은 위험한 일"이라고 썼다. 그래도 삶의 깊이를 맛보려면 어쨌든 고독이 필요하다고 말한다.

몇 주 만인가. 겨우 혼자가 될 수 있었다. '진짜 생활'이 또 시작된다. 기묘할지도 모르겠지만 내게 있어서는 지금 일어나고 있는 일이나 이미 일어난 일의 의미를 찾고 발견하는 혼자만의 시간을 갖지 않는 한, 친구뿐만이 아니라 정열을 걸고 사랑하는 애인조차도 진짜 생활이 아니다.

_메이 사튼, 『혼자 산다는 것』 중에서

사람들과 함께 있을 때는 온전한 내가 될 수 없다. 왜냐하면 다른 사람을 의식하게 되어 자신의 개성과 성격을 전부 드러내지 못하고 자연스럽게 상대방에 맞추기 때문이다.

그래서 사튼은 '자신의 중심을 되찾는 것'이 필요하다고 말한다. 사튼은 '고독' 속에서 창조의 풍요로운 시공을 보고 있었다.

예술가들이 정신적으로 강한 것은 고독의 힘을 스스로 만들기 때문이다. 즉, 인간의 강인함은 단독자가 될 수 있느냐 없느냐에 달려 있다.

누구나 일이 잘 풀리지 않을 때는 이 세상에 자신을 이해해주는 사람이 한 명도 없다는 절망감에 빠진다. 그럴 때 직면한 상황의 의미를 찾고, 자신만큼은 항상 자기편이라고 생각하는 훈련이 되어 있으면 상황은 달라진다. 고독을 긍정적으로 바라볼 수 있다면 어떠한 시련에도 쉽게 꺾이지 않는다.

중요한 순간에는
관계도 끊어라

사실 나는 외로움을 많이 타는 사람이다. '혼자'라는 것과는 전혀 어울리지 않는 성격으로 자랐다. 나는 삼 남매의 막내로, 부모님과 누나, 형에게도 귀여움을 받고 자랐다. 또 아버지가 회사를 경영하셨기 때문에 항상 집은 북적였다. 그렇기 때문에 상경 후의 학창 시절은 외로움이라는 시련을 극복하는 시기였다. 처음에는 하숙집에 혼자 있기 싫어 툭하면 친구 집을 찾아가곤 했다. 하지만 점점 혼자 있는 시간을 즐기게 됐다. 고독하지 않으면 자신을 깊고 풍요롭게 만드는 농밀한 시간을 얻을 수 없다고 생각했기 때문이다.

"선비란 헤어진 지 사흘이 지나 다시 만날 때 눈을 비비고 다시 볼 정도로 달라져 있어야 한다"는 오래된 속담이 있다.

이 속담처럼 사흘 동안 서로가 엄청난 성장을 이뤘다면, 혼자 있는 시간을 이상적으로 보냈다고 할 수 있지 않을까. 신뢰하는 친구와는 처음부터 끝까지 함께하지 않아도 좋다. 만나지 않는 동안 서로가 고독 속에서 절차탁마(切磋琢磨, 옥이나 돌 따위를 갈고 닦아서 빛을 낸다는 뜻)해간다고 마음먹으면 의지가 생긴다. 마음속에 의지할 만한 사람이 있으니 정신적으로도 외롭지 않다.

요즘 20대에게는 애초에 적극적으로 혼자 있는 시간을 갖는다는 생각 자체가 없는 것 같다. 하지만 청년기 특히 10대, 20대 때 진짜 힘을 키우지 않으면 인생은 보잘것없이 끝나버린다. 원하는 일을 하고, 인생을 풍요롭게 살고 싶다면 인생의 어느 시기에 스스로 교제를 끊을 필요도 있다.

중학교 친구 중에 사법시험을 준비하던 친구가 있었다. 그 친구는 대학을 졸업할 무렵, 공부할 시간이 없다며 내게 고민을 털어놓았다. 나는 그때 한창 고독에 빠져 24시간이 온전히 나만의 시간이라는 생각을 하고 있었다. 그래서 그 친구에게 "하루 종일 사람들과 어울리면서 공부할 시간이 없다는 말은 변명이다. 일의 우선순위를 완전히 착각하고 있다"며 거침없이 퍼부었다.

인생에는 승부를 걸어야 할 때가 있다. 실패하지 않으려면 교제를 완벽하게 끊고 하고 있는 일도 철저히 정리하여 생활 전체를 점검해야 한다. 그렇게 하면 거의 모든 시간을 온전하게 활용할 수 있다. 물론 수입이 없어 힘들 수도 있겠지만 그것을 감수한다면 24시간을 손에 넣기란 의외로 간단하다.

친구는 내 말에 엄청 충격을 받은 것 같았다. 조금 시간이 지나 만나 보니 "역시 교제를 줄이니 놀랄 만큼 많은 시간이 생겼다"며 나의 조언을 받아들였다. 그리고 치열하게 공부하여 간절히 바라던 사법시험에 합격했다.

물론 평생을 철저한 고독 속에서 살 순 없다. 혼자 살 수도 없다. 하지만 중요한 시험이나 일의 마감처럼 특별히 집중을 필요로 하는 기간에는 이 방법이 효과적이다.

원치 않던 고독에 빠지면 외롭고 쓸쓸한 기분이 든다. 하지만 적극적으로 고독을 직면하면 강해진다.

모두가 부러워할 만한 일을 하고 있는 사람이라면 틀림없이 혼자 있는 시간에 무엇을 해야 하는지 알고 있다. 모든 사람들과 잘 지내 보여도 젊은 시절에 몇 년 정도는 고독의 시간을 경험했을 것이다. 그 단독자의 혼이 밑바탕에 수맥처럼 쉼 없이 흐르고 있기 때문에 혼자가 되면 되는 대로 충실하고 창조적인 시간을 만들어낼 수 있다.

나의 지인은 두껍고 어려운 책을 수년에 걸쳐 번역하여 출간했다. 그동안은 친구도 거의 만나지 않았다. 그래서 사교성이 좀 떨어지는 사람이라는 평가를 받기도 했지만 그는 번역에 완전히 몰두했다. 나는 이제 쉰 고개를 넘은 그가 그토록 고독의 시간을 소중히 여기고 있다는 것을 알고 솔직히 감동했다.

혼자 있는 시간을 이용하여 혼자가 아니고는 할 수 없는 세계를 즐길 수 있다면 40대, 50대, 60대가 되어도 충실한 날을 보낼 수 있다. 사람들과 함께 있어도 즐겁고, 혼자가 되어도 만족스럽다. 하지만 그것은 어느 정도 젊을 때 혼자 있는 시간을 즐기는 습관, 즉 고독의 기술을 익혀둬야 가능한 일이다.

친구와 함께 안락한 날만 보낸 사람은 갑자기 혼자가 되었을 때 외로움을 감당하지 못한다. 애초에 뭘 해야 할지를 모르니, 그저 단골 술집에 들러 좋아하는 술이나 안주가 나오면 기뻐하는, 발전 없는 즐거움이 인생의 목적이 돼버린다. 단골 술집에서 낯익은 사람들과 잡담을 나누다가 돌아와 잠자리에 드는 인생이라면 고독하지 않을지는 몰라도 후회 없이 살았다는 생각을 하기는 어려울 것이다.
 혼자가 되었을 때 무엇을 할 것인가. 여기에서 좋은 고독과 나쁜 고독의 갈림길이 나뉜다.

혼자
잘 설 수 있어야
함께
잘 설 수 있다

요즘 학생들은 친구나 연애에 엄청나게 많은 시간을 할애한다. 대부분의 시간을 이 두 가지에 할애하고 나머지는 일이나 학업 같은, 의무적인 일을 하는 데 사용한다. 그래서 오롯이 자신을 위해 쓰는 시간이 매우 적다.

잠들기 직전까지 메일이나 휴대전화로 누군가와 끊임없이 연락하면서 혼자가 되는 것은 불가능하다. 그런 사람은 자신의 샘에 물을 비축할 수도, 샘에서 물을 퍼 올릴 수도 없다.

사람들과 사이좋게 지내고 싶다면 교제도 중요하다. 그러나 무리하면서까지 주변의 모든 사람들과 잘 지내야 할까. 우정과 연애도 중요하지만 지나치면 독이 된다.

 적극적으로 혼자만의 시간을 가지면서 자기 안의 샘을 파고, 지하수를 퍼 올려야 한다. 자유롭게 내면에 축적된 내공을 꺼낼 수 있는 사람은 누구에게나 매력적으로 보인다. '혼자여도 괜찮다'는 당당함이 여유로움과 안정감으로 이어지기 때문이다.

 하는 일마다 제대로 풀리지 않고, 친구도 연인도 떠나는 순간은 누구나 감당하기 어렵다. 그때의 외로움은 겪어본 사람만이 안다. 그러나 고독을 극복하고 내면에 깊이를 더한 사람은 결코 흔들리지 않는다. 수동적인 고독을 넘어 적극적인 고독을 선택한 사람, 안락한 자리를 뿌리치고 하고 싶은 일을 하겠다는 사람은 깊고 빛난다.

 나는 콤비와 트리오라는 조합을 상당히 좋아한다. 실제로 좋은 관계를 맺을 수 있는 사람들끼리 이인조, 삼인조로 일하면 일이 훨씬 수월하게 진행된다. 그러나 그렇게 되려면 각자 단독자가 되어야 한다. 혼자서 충분히 일처리를 잘하는 사람끼리 팀을 짰을 때 콤비나 트리오는 저력을 발휘한다. '콤비'의 경우, 두 사람의 균형이 맞지 않거나 둘이 함께할 수 없게 될 때는 둘 중 한 사람이나 두 사람 모두 사라지고 만다. 그렇기에 둘은 서로에게 자극이 되는 사이로 존재해야 하고, 서로가 단독자라는 것을 인정해야 한다. 그런 파트너라면 자기 안의 샘을 파 내려갈 때 가장 큰 힘이 된다.

세상과의
거리 두기가
필요할 때

감각은 '몸'과 밀접한 관계가 있다. 몸은 물이나 영양분의 공급이 부족하면 기력이 없어지고, 더위나 추위에도 크게 영향을 받는다. 그만큼 몸은 생물로서 물질적인 요소에 민감하게 반응한다. 그럼에도 몸을 무시하고, 자신의 모든 근거가 자아나 자의식 같은 정신적인 면에만 있다고 생각하는 사람이 적지 않다.

좋은지 싫은지, 필요한지 필요하지 않은지를 판단할 때도 머리로만 생각하지 말고 몸의 직감력을 활용하면 의외의 답을 쉽게 얻을 수 있다. 평소에 몸의 상태를 잘 파악하고 잘 사용할 줄 아는 사람은 판단에 막힘이 없고 실패도 적다. 하지만 한창 고독에 빠져 있을 때는 몸에 관심을 두고 몸의 상태를 섬세하게 알기를 두려워한다.

한때 요가와 선(禪)에 빠졌던 적이 있는데, 수행 중에는 다른 사람과 말도 섞지 않고 완전한 단독자 상태가 돼야 한다. 요가와 선을 통하여 자신의 내면을 바라보는 수행은 우주와 내가 하나가 되도록 돕는다. 선 수행은 에너지를 내면에 축적하고 자신을 직면하는 것이 목적이다. 이것을 머리로만 하려고 하면 힘만 빼기 십상이다. 철저하게 몸의 감각을 믿고 해나가는 것이 중요하다.

포인트는 호흡이다.

호흡을 할 때는 입을 다물고 코부터 단숨에 숨을 들이쉰다. 그리고 일단 숨을 멈춘 다음 되도록 천천히 입으로 내쉰다. 이것을 '3·2·15'의 리듬으로 실시한다. 이때 공기가 들어오는 느낌과 나가는 느낌을 충분히 느끼는 것이 중요한데 이것이 의외로 어렵다. 숨을 다 내쉴 때까지 기를 흩트리지 않도록 조심해야 한다.

숨을 들이쉬고 내쉬는 것은 '한 생명의 삶과 죽음'으로 이해할 수 있다. 숨을 내쉴 때는 가볍게 한 번 죽음을 맞는다고 생각한다. 즉, 호흡을 할 때마다 '삶에서 죽음으로'를 반복하여 떠올리면서 지금 살아 있는 세상과의 거리감을 느껴본다. 그러다 보면 삶과 죽음이 별개의 것이 아니라, 삶 속에 죽음이 포함되었음을 받아들이게 된다.

우리는 막연히 죽음을 두려워하지만 호흡으로 매번 가벼운 죽음을 연습하면 죽음에 대한 생각도 달라진다. 인생이란 서서히 쇠퇴하여 언젠가 사라진다는 것을 느긋하고 대범하게 받아들여야 한다.

3

기대를
현실로 바꾸는
혼자만의 시간

지금
자신의 상태부터
파악하라

나는 일이란 기본적으로 자리가 만든다고 생각한다.

일반적으로 일을 능력이나 재능으로 하는 것이라고 생각하지만 많은 사람들이 동경하는 직업인 프로듀서, 광고 기획자 자리도 주어지면 대부분 해낼 수 있다. 물론 그중에 절대적인 재능을 가진 사람도 있겠지만 자리가 주어지고 경험이 쌓이면 누구라도 웬만큼 일할 수 있다. 오히려 자리를 잡기까지가 어려운 법이다.

그런데 일단 자리를 잡으면 자리에 안주하는 사람이 있다. 그런 사람은 다시 자신을 돌아보는 일 없이 주어진 자리에 만족하고 더 이상 노력하지 않는다. 이런 마음가짐이 사람을 망가뜨린다. 서른다섯 살에 꿈에 그리던 자리를 얻게 된 사람은 생생하고 빛이 나지만, 같은 자리에 있는 쉰다섯 살은 웬만해선 빛나지 않는다. 대체 왜 그럴까.

단순히 나이를 먹어서만은 아닐 것이다. 마음의 문제다. 60세든 70세든 날마다 적극적으로 살아가는 사람은 항상 창조적이고 생기발랄하다.

창조성은 직종과 상관없다. 공무원 중에도 창조적인 사람이 있고, 크리에이터 중에도 창조적이지 않은 사람이 있다. <u>'끊임없이 새로운 도전을 하고 있는가' '매사에 새로운 의미를 부여하고 있는가'라는 생각을 가지고 끊임없이 도전할 수 있도록 하는 힘은 바로 한곳에만 머물지 않겠다는 강인한 의지다.</u>

어떤 일이든 긴장의 끈을 놓치지 않고 한 해 한 해 최선을 다하다가 어느 순간부터 그 끈이 느슨해질 때가 있다. 전혀 성장하지 못할 때도 있다. 물론 나름의 경험이 쌓였기 때문에 관성으로 일을 할 수는 있다. 그럼에도 생기를 잃었다면 자리에 안주하고 있거나 자신의 상태를 제대로 파악하지 않았다는 말이다.

1. 자신을 돌아본다.

2. 교양을 쌓는다.
3. 일기를 쓴다.

이 세 가지 방법은 자신의 상태를 파악하기 위한 방법이다. 혼자인 시간에 이런 기회를 갖는다면 도전의 불꽃은 꺼지지 않을 것이다.

1. 자신을 돌아본다

'거울'을 사용하여 내면 들여다보기

보통 거울은 외모를 확인하기 위해 사용되지만, 여기서 소개할 것은 조금 다른 거울 사용법이다.

거울을 볼 때 사람은 의외로 자기 자신에게 말을 걸고 싶어 한다. '살이 쪘네' '안색이 어둡군' 등 단순한 반응에서 시작하여 조금 익숙해지면 정신적인 소통을 하고 싶어 한다. '정말 하고 싶은 일을 하고 있는 걸까' '지금도 20대 때와 같은 열정으로 열심히 일하고 있나'와 같이 자신을 향해 직접적인 물음을 던지기도 한다. 이런 소통이 가능하다면 그 사람은 상급자다. 이처럼 거울은 셀프 체크 도구로 효과적인 아이템이다.

여성들이 가끔 전철 안에서 화장을 하려고 거울을 들여다볼 때가 있는데, 거울을 보면서 유일하게 보지 않는 부분이 있다. 바로 자신의 눈동자다. 빛나고 있어야 할 '눈'을 보지 않는다는 사실은 상징적인 의미를 갖는다. 눈은 '마음의 창'으로 자신의 내면 상태를 말해준다. <u>하지만 많은 사람들이 자신의 내면을 직면하려 하지 않는다. 자신의 모습을 객관적으로 바라보고 체크하면서 나아갈 때 강인한 내면을 가질 수 있다.</u>

나는 한때 거울을 보는 훈련을 진지하게 한 적이 있다. 해보면 알겠지만 거울을 보다 보면 쉽게 잡념이 생긴다. 그렇기 때문에 자신과 제대로 대화하려면 조금 익숙해져야 한다.

코코 샤넬은 방 한가운데 거울을 두고 살았다고 한다. 물론 거울로 패션이나 외모도 체크했겠지만 그녀에게 거울 보기는 자신과의 대화를 의미했다. 그녀는 철학적인 것을 좋아해서 자신을 돌이켜볼 수 있는 독서를 무척 중요하게 생각했다. 혼자 있는 시간 동안 내면을 바라보기 위해 다양한 방법을 활용했다.

샤넬처럼 자신과 마주하는 시간을 중요하게 생각하는

사람은 마음 깊은 데 고독이 있다는 것을 알고 있다. 샤넬은 수도원에서 자란 적이 있어서 고독이 완벽하게 몸에 배어 있었다. 이후에 부유한 실업가 아더 카펠, 러시아의 드미트리 대공, 영국의 웨스트 민스터 공작 등 몇 명의 남성과 교제하기도 했고, 스트라빈스키나 장 콕토, 피카소 등과 폭넓은 교우 관계를 맺고 있었지만 왠지 모르게 고독과 친숙했다.

별 어려움 없이 평탄하게 자라서 현실에 만족하는 사람이 있다. 반대로 겉으로 보기에는 전혀 어두워 보이지 않지만 내면에 어두운 성격이나 기억을 깊숙이 감추고 견디는 사람도 있다. 그만큼 암울한 시기를 보냈기에 다시는 그 시기로 돌아가고 싶지 않다거나 그 시기가 지금의 나를 만들었으니 소중하게 여기자는 마음이 강하게 숨겨져 있는 것이다.

샤넬은 그런 사람이었다. 그녀는 고독을 품고 있었지만 고립되지는 않았다. 오히려 주변 사람들과 밝게 지낼 수 있는 성격으로 자랐다. 하지만 혼자가 되고 싶을 때는 단호하게 "혼자 있고 싶으니까 그만 돌아가 주지 않을래요?"라고 말하는 사람이었다. 이런 말을 쉽게 꺼내기는 어렵겠지만 그 용기만이라도 본받아야 하지 않을까.

서로를 확실하게 신뢰하는 사람들이 곁에 있다면 오히려 의미 없는 사람들과 매일 어울리지 않아도 될 뿐 아니라 혼자만의 시간에 무엇을 해야 할지 보일 것이다.

본격적인 내관법

자신의 마음을 본격적으로 들여다보는 것을 '내관'이라 한다. 내관하기 위해서는 정해진 공간에서 하루에 몇 시간 혹은 3일에서 일주일 동안 오로지 자신에게만 집중해야 한다. 이때는 밥도 혼자 먹고 신문이나 텔레비전도 보지 말아야 한다.

그 시간 동안 구체적으로 이런 생각을 떠올려본다. 어머니와 아버지, 형제, 배우자, 회사 동료나 상사와 같이 가까운 사람들에게 나는 어떤 것을 받아왔고 무엇을 해주었으며 또한 어떠한 폐를 끼쳤는지. 하나하나 돌아보면서 지금까지의 인생을 정리해본다. 과거로 거슬러 올라갈수록 다른 사람에 대한 감사의 마음이 생길 것이다.

특히 떠올릴수록 부모님께는 받은 것이 너무도 많아 감사하지 않을 수 없다. "내 일에 상관하지 말란 말이야!"라며 부모님을 심하게 대하던 사람도 스스로를 반성하게 된다. 부모님이 해준 것을 떠올릴 기회가 별로 없었기 때문에 잘 몰랐던 사랑을 더욱 깊이 깨닫게 된다.

지금까지 무사히 살아올 수 있었다는 것은 지금껏 누군가에게 신세졌다는 의미다. 누구의 도움도 받지 않았다는 사람일수록 남에게 폐를 끼치기 쉽다.

나는 명상의 숲 내관연구소 설립자인 야나기 다카구세이 씨가 주재하는, 기쓰레가와 온천에 있는 전문 시설에서 내 마음을 집중적으로 들여다본 적이 있다. 그곳의 내관법은 정토진종(일본 불교 종파 중 하나) 수행의 하나인 '신조(身調)'라는 자기 성찰법을 토대로, 요시모토 이신이라는 사람이 고안한 자기계발법이다. 불교를 바탕으로 시작된 방법이지만 종교 색이 짙지 않고 고독을 산뜻하게 다룬다.

심리요법은 주로 자신의 상처나 아픈 기억에 집중하고 위로하지만, 내관법은 반대로 기쁘고 좋았던 기억을 떠올린다. 인간은 남이 해준 것을 쉽게 잊어버리고 깨닫지 못하지만 자신이 해준 것은 사소한 것까지 기억한다. 그러한 모순을 인정하면서 '기브 앤 테이크' 중 '테이크' 부분만 철저하게 떠올리며 감사하는 마음을 갖는다. 시설에서 체험하는 내관은 마음의 묵은 때를 벗겨내는 것과 비슷하다.

집에서 혼자 실시하는 자기내관이라는 것도 있다. 현실에서는 마음연구소 같은 특수한 공간이 마련되지 않으면 일상생활과 격리되어 완벽한 혼자만의 시간을 경험하기 어렵다. 프로이트조차 자신을 알기 위해 최면을 걸었을 정도다. 먼저 집에서 시도해보고, 자신의 생각을 글로 정리해보는 것도 내면을 들여다보기에 효과적인 방법이다(앞서 소개한 시설에서 실시하는 집중적인 내관에서는 원칙적으로 필기도구 등은 지참하지 않는다. 그 때문에 내관 중에 글을 쓰거나 할 수 없다).

나는 수업 시간에 내 말을 더 깊이 이해시키기 위해 학생들에게 반드시 토론을 시킨다. 그리고 되도록 모르는 사람끼리 그룹을 만들게 한다. 아는 사이끼리 토론하다 보면 무심결에 일상적인 이야기를 하기 쉽지만, 그룹 내 전원이 단독자가 되도록 팀을 구성하면 좋은 긴장감이 넘친다. 그 긴장감을 이용하여 맨 먼저, 학생들 각각에게 과제에 대한 자신의 생각을 정리하게 한다.

사람은 일단 쓰면서 자연스럽게 자신과 마주하게 된다. 그 과정을 끝내고 타인을 대하면 훨씬 내실 있게 이야기할 수 있다. 자기의 생각을 정리하고 토론에 들어왔을 때와 그렇지 않을 때는 크게 다르다.

쓰는 작업은 내면을 파고드는 드릴이 된다. 내관의 대체법이 되어주는 것이다.

2. 교양을 쌓는다

자신을 객관화할 때는 내관처럼 자신과 마주하여 내면으로 파고들어 가는 방법도 도움이 되지만 교양이라는 외부의 정보를 받아들이는 것도 도움이 된다.

혼자인 시간에 어떻게 정신적인 풍요로움을 배양하느냐에 따라 매력에 차이가 생긴다. 하지만 요즘에는 지성이나 교양을 그다지 매력적으로 생각하지 않는 경향이 있다. 지성을 중요하게 여기지 않으니 일부러 고생하여 공부하거나 교양을 쌓으려고 노력하지 않는다.

이것은 참 이상한 일이다. 사실 누구나 지적이고 교양 있는 사람을 좋아한다. 남녀를 막론하고 똑똑하고 현명한 사람에게서 내면의 풍요로움이 느껴지면, 그 사람에 대해 더 알고 싶어진다.

지성이란 자신의 내면 깊숙한 곳에 있는 맑은 샘과 같다. 어떤 사람이든 혼자가 되어 그곳에 몸을 담가야 계속해서 빛날 수 있다. 단독자로서 보내는 시간이야말로 타인이 쉽게 넘볼 수 없는 고고함을 만들어준다. 그렇게 생긴 고고함은 타인을 배제하는 고립과는 전혀 성격이 다르다.

일본에는 '가리벤(ガリ勉, 주로 학교 등에서 열심히 혹은 이

상할 만큼 공부에 몰입하는 인물을 가리키는 말)'이라는 말이 있다. 이 말에는 비하의 의미가 내포되어 있다.

영어에도 'grind' 'dig' 등 가리벤과 비슷한 말이 있지만, 꾸준히 공부하고 노력하여 일정 수준에 이른다는 좋은 의미를 갖는다. 절대 비하하거나 비꼬는 나쁜 뉘앙스가 아니다.

한편 죽기 살기로 스포츠에 매달리는 사람을 '스포츠 바보'라고도 하는데 이 말은 자신이 못하는 것을 멋지게 해낸 사람에 대한 일종의 찬사로, 경쾌한 느낌으로 쓰인다.

그러나 '가리벤'에서는 '스포츠 바보'가 가진 경의의 뜻을 전혀 느낄 수 없다. 그 단어는 인간관계보다 자신의 성장을 우선시하는 사람을 마음에 들어하지 않는, 질투와 시기의 느낌이 강하다. 열심히 공부하는 사람을 업신여기고 눈엣가시처럼 여기는 감정도 느껴진다. 이 정도의 수준 낮은 동지 의식을 떨치는 데 가장 적절한 방법은 교양을 쌓는 것이다.

혼자서 뭔가에 푹 빠져 있는 사람은 강하다. 역사에 이름을 남긴 문학가나 예술가 중에는 사교계에서 화려한 인맥을 자랑하며 성공한 커뮤니케이션의 달인도 있지만 감옥에서 사람들과 거의 말을 섞지 않은 채 격리되어 괴로움과 쓰라림을 맛본 사람도 있다. 기질이나 상황은 달라도 모두 일정한 시기에 혼자 시간을 보내며 고독의 기술을 닦은 것이다.

미와 아키히로(싱어송라이터, 연출가, 배우) 씨는 젊은 시절부터 빼어난 미모와 뛰어난 예술적 감각을 지니고 있던 사람이다. 또 깊은 지성과 교양이 있어 지금까지도 사람들에게 많은 사랑을 받고 있다. 다양한 책과 예술을 접하면서 세상의 이지(理智)를 익히려고 부단히 노력했던, 풍요로운 고독을 거듭한 최고의 롤모델이다.

음악이나 회화 등 예술을 접하는 것은 멋진 일이다. 예술은 책보다 더 직접적인 감동을 불러일으킨다. 아름다운 것을 접한 감동은 희망을 만들어 힘을 주기 때문에 사람을 강하게 한다.

교양을 쌓고 자신의 가치를 정확히 파악하는 데 절대 빠트릴 수 없는 것 중 하나가 바로 독서다. 혼자일 때 책 읽는 것은 당연한 일이라 생각하겠지만 볼거리, 즐길 거리가 극단적으로 늘고 있는 현대사회에서 책 읽는 법을 익히지 못한 사람은 엄청나게 많다. 독서를 하는 사람과 하지 않는 사람은 10년, 20년 후 인간적인 매력에 있어 큰 차이가 난다.

작가 폴 오스터도 엄청난 고독을 극복하고 교양을 쌓은 경험이 있다. 그는 글 쓰는 게 꿈이었지만, 교사나 회사원이 되어 안정적으로 생활비를 벌면서 이중생활을 할 마음은 없었다. 오로지 글쓰기에 매달리고 싶었다.

그는 자전적 에세이 『트루 스토리즈』에서 젊은 날 무모하고 현실감 없는 상태로 꿈을 향한 여정을 찾고 있었다며 자조적으로 말하고 있다.

오스터는 글을 쓰고 싶다는 꿈을 제대로 실현하지 못한 채 콜롬비아대학 재학 중 파리 유학 프로그램에 참가한다. 그 무렵, 미친 듯이 책을 탐독하며 보냈다고 한다.

그때를 되돌아보며 내가 몇 권의 책을 흡수했는지 생각하니 정말이지 믿기지가 않았다. 나는 어마어마한 수의 그것들을 마셔버리고 다양한 책으로 이루어진 여러 나라, 여러 대륙을 다 먹어치웠는데도 전혀 지치지 않았다. 엘리자베스조 연극(영국 엘리자베스 1세 때 이루어진 연극과 극장을 통틀어 이르는 말), 소크라테스 이전의 철학, 러시아 소설, 초현실주의 시……. 마치 뇌에 불이 붙은 것처럼, 생존이 걸려 있는 것처럼 나는 읽었다.

_폴 오스터, 『트루 스토리즈』 중에서

오스터에게 수많은 책들이 창작의 풍요로운 양분이 되었

던 것이다.

최근에 점이 유행하는 것과 영혼의 친구를 찾는 과정인 독서를 하지 않는 경향은 무관하지 않은 것 같다. 사람들은 점술사에게 "당신은 이런 사람"이라는 말을 들으면 스스로를 들여다보며 확인하지 않고 쉽게 믿어버린다. 점술사의 말을, 자신을 알기 위한 수단으로 가볍게 여긴다면 괜찮지만 생활 전반이 점에 휘둘리는 사람이라면 "운이 좋아지고 싶다면 점에 의존하는 것부터 고쳐라"라고 한마디 거들고 싶다.

자신의 가치관을 뚜렷이 세우고 살아간다면 운이 좋다거나 나쁘다는 막연한 가치 기준에 휘둘리지 않을 것이다.

3. 일기를 쓴다

나는 고등학교 시절, 많은 책을 읽기 시작했고 동시에 일기를 쓰기 시작했다. 아버지께서 항상 "일기를 쓰는 것은 좋은 일"이라는 말을 자주 하셨기 때문이다. 매일 그날 있었던 일을 쓰는 형식의 일기가 아니라, 뭔가 생각할 게 있을 때 편안하게 끄적이는 일기였다. 주로 혼자 지내며 사람을 거의 만나지 않았기 때문에 그 시절의 일기는 대부분 생각 노트였다.

이삼 일 건너뛸 때도 있었다. 자아가 눈을 뜬 것은 그 무렵이다. 꽤 오랜 시간, 고민되거나 걱정되는 일이 있을 때마다 써왔기 때문에 이제는 습관이 되어 수첩에 이런저런 것들을 끄적거리곤 한다.

어른이 되어 그때의 일기를 펼쳐보니 도저히 낯부끄러워서 남에게 보여줄 수 없었다. 온통 자뻑으로 가득한 오글거리는 글이 난무했다. 머릿속에는 하루 종일 '나는 천재다. 나는 천재다'라는 천재의 종이 울리고 있었다. 쥐구멍이라도 찾아 들어가고 싶은 심정이었다. 누구라도 그때의 나를 만났다면 분명 재수 없다고 생각했을 것이다. 그 화끈거리는 기억은 다음에 풀기로 하고 다시 일기 이야기로 돌아가자.

마음은 말과 이미지에 영향을 받는다. 물론 이미지는 중요하지만 자신의 신념을 키워나갈 때는 말의 힘이 더 크다. 말을 주문처럼 몇 번이고 반복하여 중얼거리면 효과가 있다. 하지만 그보다 더 효과가 있는 것은 쓰는 것이다. '이렇게 되고 싶다'는 글을 쓰다 보면 꿈에 대한 열정이 더욱 강해진다. 나 역시 내 안의 답답함을 일기에 주절거리듯 쓰면서 생각이 정리되어 점점 명확한 가치관을 세울 수 있었다. 사람의 사고방식은 웬만해선 바뀌지 않는다. 기본적으로 일정한 시기에 그 밑바탕이 정해진다. 그때 반복적으로 쓰면서 생각을 정리하면, 명확해진 꿈과 생각이 자기 안에 깊이 뿌리내린다. 일기에는 그런 힘이 있다.

쓰기는 고독의 힘을 키우는 방법 중 하나다. 고독하지 않으면 글을 쓸 수가 없다. 사실 쓰는 것은 무척이나 괴롭고 성가신 작업이다. 분명 작가나 학자 같은 '글쓰기의 프로'들도 대부분 쓰는 작업을 힘들어할 것이다. 기요미즈 이쿠타로(사회학자, 평론가)조차 『논문 쓰는 법』에서 "글을 쓰기 전에는 다른 사람이 말을 걸어도 일부러 대꾸하지 않거나 몇 번이고 손을 씻는 등 작은 의식을 수차례 반복하고, 정말로 막다른 곳에 몰려서야 겨우 쓰게 되었다"고 말한다. 일단 쓰기 시작하면 어떤 글이든 나오겠지만 거기까지 이르기가 힘들다.

지적이고 서글서글하여 수월하게 글을 썼을 것 같은 기요미즈 이쿠타로 씨조차 글을 쓰기 전에는 엄청난 스트레스를 받고 있다고 생각하니 무척이나 위로가 된다.

최근에는 아무에게도 보일 수 없는 일기가 아니라 블로그나 페이스북처럼 온라인으로 공개되는 일기가 인기다.

나는 블로그의 인기를 보면서 자신의 일상을 남에게 알리고 싶어 하는 사람이 이렇게나 많다는 사실에 적잖이 놀랐다. 나는 일기를, 죽기 전에 태워 없애야 한다고 생각할 만큼 비밀스러운 것으로 생각했기 때문이다.

하지만 블로그에는 진짜 비밀을 절대 쓸 수 없다. 아무리 말하고 싶어도 속내를 드러낼 수는 없다. 쓸 때 흥미 요소가 강하게 들어가야 하기 때문에 일기가 고독한 작업이라는 말과는 어울리지 않는다.

얼핏 보면 본심을 허심탄회하게 쓸 수 있는 기회가 늘고 있는것 같다. 그런데 실제로 정말 드러내고 싶은 것을 드러낼 수 있는 공간은 많지 않다. 그래도 이용자가 늘고 있는 이유는 대부분이 보여지는 일기의 한계를 깨닫지 못하기 때문 아닐까.

블로그는 남에게 보이는 것을 전제로 하기 때문에 문장 연습이나 수정을 하며 쓰기에는 좋다. 그러나 때로는 남의 눈을 의식하지 않고 글을 쓰는 것도 중요하다. 물론 남이 보지 않는다고 해서 정제되지 않은 거친 말만 하는 것은 의미가 없다. 남에게 드러내지 못했던 다양한 감정들을 에너지로 삼아, 자기 자신을 동기 부여할 만한 글을 쓰는 것이 좋다.

외로움을
극복하기 위한
세 가지 기술

마음이 잘 맞는 친구가 여러 명 있다는 것은 축복이다. 그러나 가까운 친구와 사이가 틀어지거나 멀어지면 그 고독을 감당하기는 더욱 힘들다. 하지만 긴 인생에서 그런 일도 종종 일어나게 마련이다. 이때 곁에 친구가 없어도 침울해 하지 말고 '이 정도 외로움은 견딜 수 있어' '나만을 위해 충실한 시간을 보낼 수 있어'라고 생각을 전환할 수 있는 취미가 있으면 좋다.

1. 눈앞의 일에 집중한다.
2. 원서를 읽거나 번역을 해본다.

3. 독서에 몰입한다.

위의 세 가지 방법은 내가 외로움을 극복하기 위해 사용했던 방법 중 도움이 됐던 것들이다. 다양한 시도를 통해 자기에게 맞는 방법을 찾아가도록 하자.

1. 눈앞의 일에 집중한다

어린 시절, 몇 번이나 친구와 사이가 멀어졌던 기억이 있다. 아마 중학생 때였을 것이다. 그때 무슨 일이든 함께하던 친한 친구가 있었다. 그런데 언젠가부터 그 친구가 다른 친구와 친하게 지내기 시작하면서 다 함께 어울리게 되었다. 이런 일은 누구나 경험해봤겠지만, 한편으로는 이해가 되면서도 또 한편으로는 설명할 수 없는 외로움이 생긴다.

새롭게 어울린 친구와 셋이서 사이좋게 지낼 수 있다면 좋겠지만 아이에게는 쉬운 일이 아니다. 친구와 거리를 두고 균형 있게 사귀어본 경험이 별로 없기 때문에 상대를 독점하고 싶어 한다.

그뿐 아니라 나는 내가 먼저 말을 걸어서 친구를 사귀거나 친해지는 편이 아니다. 아마도 타고난 성격인지, 지금까지도 사람을 사귀는 것에 적극적이지가 않다. 누가 말을 걸면 그제야 사귀게 되는 수동적인 스타일이다.

그래도 초등학교 시절에는 친구가 꽤 많았다. 그런데 사춘기에 접어들면서 같이 다니던 또래 그룹에 변화가 생겼고, 나는 그런 변화에 뒤처져 혼자가 되었다.

아무도 먼저 다가와 주지 않았기 때문에 어쩔 수 없이 혼자서 집으로 가는 날들이 계속되었다. 나는 돌아가던 길에 있던 돌계단에 앉아 자주 생각에 빠지곤 했다.

그때 나는 무엇을 했을까. 돌을 닦았다. 가까운 하천에 가서 돌을 주워와 닦았다. 뭔가를 닦고 있는 동안에는 신기하게도 의식이 손끝에 집중된다. 조각도로 뭔가를 새길 때와 마찬가지다.

조탁(彫琢)이라는 말이 있다. 원래는 보석과 같이 단단한 것에 무언가를 새기거나 쪼는 것을 의미하는데, '자신을 조탁한다'고 하면 자신의 내면을 파고든다는 의미가 된다. 닦거나 새기는 행위가 자기 안의 정서적인 행위와 겹치는 것이다.

나는 정리정돈을 싫어하지만 무언가를 닦고 정리하는 행동은 싫어하지 않는다. 뭔가를 닦으라고 하면 꽤 오랜 시간을 계속해서 닦을 수 있다. 동화작가이자 시인인 미야자와 겐지도 보석세공사로 생계를 꾸리고 싶다는 말을 한 적이 있는데 그 기분이 무엇인지 알 것도 같다. 목공이나 세공, 서예를 좋아하는 사람도 이런 기분을 이해할 수 있을 것이다.

수작업을 하는 시간, 먹을 가는 시간에는 정신이 물건을 향해 있으면서도 자기 내면과 대화하는 기분이 든다. 동작을 하는 손의 감각을 통해 '오늘은 집중하고 있지 않다' '오늘은 기분 좋게 닦이고 있구나' 하는 것을 느끼면서 직접 집중력을 가늠할 수 있기 때문에 자기의 세계에 더욱 깊이 빠져들 수 있다.

심리학자 가와이 하야오의 『어른의 우정』에는 이런 에피소드가 실려 있다. 한 노부부가 있었다. 아내를 먼저 떠나보낸 남편은 누가 봐도 기력이 쇠하고 침울해져 자식들이 아무리 함께 살자고 해도 고집을 부렸다. 이대로 뒀다가는 큰일 나겠다고 다들 걱정했지만 그는 '돌 닦기'를 시작하며 생기를 되찾았다.

적당한 돌을 그저 닦다 보면 뜻하지 않은 멋진 장식품이 생긴다. 그는 그것을 자식들과 손주에게 보이고 혼자 뿌듯해

했는데 그때 그의 눈은 빛나고 말도 또렷했다. 즉, 그는 '돌이라는 친구'를 발견함으로써 살아갈 힘을 얻었던 것이다. 이런 친구는 전혀 성가시지 않다는 데에 이점이 있다.

_가와이 하야오, 『어른의 우정』 중에서

노인은 돌이라는 무기물을 한 명의 친구로 보고 그것을 자식이나 손주와의 연결 고리로 여김으로써 외로움에서 벗어날 수 있었다. 수작업을 통한 집중으로 기분을 환기하는 방법과는 차이가 있지만 이런 외로움 극복 방법도 있다는 것을 알아두자.

2. 원서를 읽거나 번역을 해본다

번역이나 원서 읽기는 혼자 있는 시간을 활용하는 데 가장 강력하게 권하고 싶은 작업이다.

번역은 인내를 필요로 한다. 오늘은 컨디션이 좋다고 50장을 번역하고, 다음 날은 컨디션이 별로라고 한 장도 손대지 못했다는 사람은 별로 없다. 변덕이 심한 나조차 컨디션이 좋다고 한 번에 몰아서 번역을 한 적은 없다.

번역을 할 때는 반드시 하루 중 혼자만의 시간을 정하여 '오늘은 ○○장을 번역하겠다'는 목표를 정해야 한다. 왜냐하면 번역은 아무리 애를 써도 작업 속도가 정해져 있기 때문이다. 즉, 정해진 분량대로 부지런히 하다 보면 번역이 순조롭게 진행되고, 부지런히 하는 습관이 들면 반대로 작업이 자신의 일이나 생활의 페이스메이커가 되어간다.

폴 오스터는 에세이 『굶기의 예술』에서 작품을 번역하는 것이 자기에게는 일종의 수행이라고 했다. 오스터에게는, 번역이라는 힘든 작업을 통해 귀중한 타자, 즉 자신이 번역하고 싶을 만큼 뛰어난 작품이나 공감할 수 있는 사람의 문체를 체화(體化)할 수 있다는 확신이 있었던 것 같다. 무라카미 하루키도 같은 말을 했다. "우리는 영문학을 읽거나 번역하는 작업을 통하여 위대한 선인들로부터 많은 것을 얻는다."

실제 출판 여부와는 상관없이 번역을 해보면 작가와 주인공의 마음을 보다 깊이 이해할 수 있다. 글을 읽는 것뿐만 아니라 필사해보는 것도 좋다. 중요한 것은 자신이 적극적으로 작업에 개입하는 것이다.

독서는 그 자체로 언제나 도움을 주지만, 모국어로 쓰인 책을 읽을 때는 익숙한 음악을 듣듯이 술술 읽게 되어 몰입

할 수 없는 경우가 있다. 그런 면에서 원서 읽기는 무언가에 집중하기 좋은 방법이다.

3. 독서에 몰입한다

독서만큼 고독과 어울리는 것이 또 있을까. 혼자인 외로움을 달램과 동시에 마음을 단련하는 데 도움이 된다. 이런 장점은 누구나 알고 있을 테니 여기서는 나의 독서 체험에 대해 이야기해볼까 한다.

내가 처음 책을 집중적으로 읽기 시작한 시기는 중학생 시절이다. 초등학생은 가족들에게 따뜻하게 보살핌을 받는 존재다. 혼자만의 시간을 보내기에는 아직 이르다. 책을 읽는 것도 중요하지만 매일을 축제처럼 즐겁게 보내는 것이 더 중요하다. 나도 그랬다.

실제로 중학생 정도부터 고독에 관심을 갖는다. 누구나 자기만의 방을 갖고 싶어 하고, 가족 안에서 말수가 줄기도 한다. 나는 중학교 3학년 수험 공부를 할 때 그런 기분에 빠졌다. 수험은 나에게 너무도 힘든 고통이었다. 힘든 시간 속에서 나는 나 자신과 정면으로 마주하게 되었고 책을 탐독하기 시작했다.

그리고 고등학교 1학년 때 고바야시 히데오의 책을 만나고서 충격에 빠졌다. 책을 읽은 첫 느낌은 창피하지만 '말도 안 돼. 이게 정말 우리말로 쓰인 글이야?'였다. 그러고 보니 요전 수업에서 고바야시 히데오 작품을 과제로 냈더니 학생들이 "선생님, 무슨 말을 하는지 잘 모르겠어요"라고 말해 옛 추억이 떠오르기도 했다. 하지만 난해해 보이는 고바야시 히데오의 작품을 몇 번씩 반복해서 읽으면서 '고바야시 히데오적'인 것을 알게 되었다. 그러자 고바야시 히데오가 마치 나만의 고바야시 히데오가 된 것처럼 아주 가까운 존재로 느껴졌다. '고바야시 히데오적'이란 작품 깊은 곳에 잠재된 혼과 본질적인 의미를 찾는 것 그리고 그것에 선입견을 갖지 않고 차분히 마주하는 것이다. 고바야시는 본질을 직면하지 않는 나태한 정신 상태를 항상 비판한다.

이를테면 『헤이케 모노가타리』(가마쿠라시대에 성립된 것으로 여겨지는 헤이케의 번영과 몰락을 묘사한 일본의 군기 문학)는 제행무상(諸行無常, 불교 용어로 우주의 모든 사물은 늘 돌고 변하여 한 모양으로 머물러 있지 않는 것)의 인상이 강한데, 대부분은 처음부터 그런 선입견을 갖고 이해하기 때문에 『헤이케 모노가타리』 연구서만 읽고 책에 대해 그럴싸하게 대충 이야기하려 한다. 그러나 실제로 읽어보면 전투의 전경이 또렷이 전해지는, 묘사가 뛰어난 전기물(戰記物)이라는 사실을 알 수 있다.

고바야시는, 제대로 읽지도 않으면서 대략의 짐작으로 작품에 대해 말하는 사람들에게 직접 고흐나 모차르트와 부딪혀가며 본질을 들여다보라고 끊임없이 말한다. 연구자조차 작품을 직접 파악하지 않고 연구서만 훑으며 작품의 주변을 맴도는 경우가 있다.

작품의 본질에 다가가기 위해서는 자신의 감성이나 경험치를 전부 가동하여 개인으로서 마주해야 하는데 그러려면 혼자가 되어야 한다. 남들이 잘 모르는 음악에 확 꽂혔을 때와 같이 '나만이 이 음악을 알고 있다'는 마니아적인 행복감과, 미묘한 가사나 창법에 집중하면서 '이런 부분에 집중하고 있는 것은 나뿐이겠지'라는 만족감을 느껴야 한다.

나는 운동부에서 활동했고 반항기도 없었다. 가족에게 귀여움을 받으며 자랐고 친구도 있었다. 타고난 기질 자체가 전혀 외로움과 어울리지 않았다. 그러다가 고등학교 시절 중반부터 꽤나 자주 혼자가 되었다. 책을 읽기 시작하면서 뭔가가 시작되었던 것 같다. 괴테의 전집을 샀을 때는 내가 세상 사람들과 완전히 동떨어진 듯한 느낌이 들었다.

괴테 전집을 읽으며 기뻐하는 사람은 아마 (전 세계의 괴테 연구자를 제외한다면) 별로 없을 것이다. 하지만 나는 괴테를 읽을 때 감동을 느꼈다. 연구자들은 괴테를 일 때문에 읽겠지만 나는 온전히 정신적 친구를 만난다는 생각으로 읽었다. 친구라는 말보다는 정신적 멘토 정도가 맞겠다. 나는 멋대로 고바야시 히데오, 괴테, 후쿠자와 유키치(일본의 계몽가이자 교육가), 니체를 정신적 멘토로 삼고 서로 연결되어 있다고 생각하며 기뻐했다. 부자지간만큼 깊진 않지만 멘토니까 연결되어 있다. 그들도 나에게 호의적이다.

신기하게도 나는 책이 마음에 들면 '내가 책(그들)을' 마음에 들어 한다고 생각하지 않고, '그들이 나를' 마음에 들어 한다고 생각했다. 그들이 살아 있었다면 나를 이야기 상대로서 아주 흡족하게 생각했을 것이고, 분명 대화를 나누면 즐거웠을 거라는 기분이 들었다. 그런 식으로 독서하다 보니 그 시간 동안 내가 동경하는 사람과 함께 있다는 기분이 들었다.

상대는 수준이 높다. 그러니 아무래도 긴장하게 된다. 겨우겨우 따라갈 수 있을까 하는 긴장감과 어쩌다 따라잡으면 '그래, 이거야!'라고 말하고 싶어지는 뿌듯함, 이 모든 것이 나에게는 엄청난 경험이었다. 눈앞에 있지만 먼 사람들과는 달리 떨어져 있지만 연결되어 있는 사람들, (대부분은 이 세상을 먼저 떠난) 그들과 사귀었던 시간은 더없이 멋지고 좋았던 고독의 시간이었다.

자기 긍정의 힘을
키워라

혼자 있는 시간에는 과감하게 자신을 절대적인 대상으로 파악할 필요가 있다. 쉬운 일은 아니지만 남과 비교하지 않고, 오로지 자기만의 기준으로 자신을 판단할 줄 알아야 다른 사람의 기준에 휘둘리지 않을 수 있다.

보통 누군가와 이야기하다 보면 자기도 모르게 상대와 비교하게 된다. '저 친구나 선배에 비하면 나는⋯⋯.' 하면서 쓸데없는 생각을 하기도 한다. 그러다 보면 자연스럽게 자신감은 떨어지기 마련이다.

비교를 통해 자신을 객관화할 수 있지만, 대신 자기 긍정의 힘은 약해진다. 때론 그런 비교에서 완전히 벗어나 자존감이 낮아지지 않게 스스로를 보호하는 것도 필요하다. 또 나를 보호하기 위해 '지금 목표를 향해 노력하고 있는 것은 의미 있는 일이다. 잘못되지 않았다'고 등을 토닥이며 함께 싸워줄 든든한 동료를 만들어야 한다.

누가 가장 좋은 동료가 되어줄 수 있을까. 내가 나의 동료가 되어주어야 한다. 특히 일이 잘 풀리지 않을 때는 세상에 자기편이 하나도 없는 것처럼 느껴진다. 그럴 때에도 '나만은 내편'이라는 생각을 잃지 않도록 훈련해야 한다.

나는 어릴 적부터 나 자신을 긍정하는 데는 자신이 있었다. 이러한 자기 긍정의 힘과 나만은 내편이라는 생각이 어우러지면 엄청난 힘을 발휘한다. 물론 나는 자기 객관화를 아주 중요하게 생각한다. 하지만 자기 객관화와 자기 긍정 중에서 자신을 움직이는 진정한 원동력은 자기 긍정의 힘이다. 외로울 때 사람은 자신감을 잃기 쉽다. 그런 중에도 용기를 불어넣어 주는 것은 자기 긍정의 힘밖에 없다. 그 절정에 있는 것이 '자기 절대화'다.

일본의 유명한 예술가인 오카모토 다로에게도 그런 시기가 있었다. 그는 부모의 손에 이끌려 10대 초반에 파리 땅을 밟았다. 그것은 행운이면서 동시에 고뇌의 원흉이었다. 그는 그의 고뇌를 『청춘 피카소』에서 이렇게 말하기도 했다. "유명한 예술가 부모를 둔 사람은 일반적으로 자기도 부모처럼 항상 높은 수준을 유지해야만 한다는 고통스러운 숙명을 안고 있다."

더구나 오카모토는 기존의 형식에 사로잡히지 않는 예술을 추구했다.

당시 몽파르나스에서는 일본인 화가의 대부분이 마티스를 모방한 색의 콘트라스트의 아름다움을 표출하려고 하거나, 흙손(이건 흙이나 시멘트 따위를 떠서 바르고 그 겉 표면을 반반하게 하는 연장)을 사용하여 스공작이나 블라맹크 풍의 풍경화를 그리거나, 위트릴로 효과를 노리고 끼리끼리 칭찬하거나 인색한 평을 하고 있었다. 그것을 곁에서 지켜보니 왠지 <u>으스스</u>한 기분이 들었다.

다른 화가의 그런 태도를 보니 점점 기성의 형식에 대한 회의를 갖게 되었다. 그들의 필연성 없는 야수파적 데포르마송(deformation, 문예·미술에서 실제 형태를 과장 또는 변형시켜 표현하여 예술적인 효과를 내는 일), 그저 형식만 좇는 데포르마송에 이르러 구토감마저 일었다. 헤매고 헤매느라 그림다운 그림을 그릴 수 없었던 그 2년 반 동안 얼마나 괴로웠던가.

_오카모토 다로, 『청춘 피카소』 중에서

그는 남의 흉내나 내는 그림은 그리고 싶지 않았다. 하지만 아직 10대의 어린 나이였던 그는 자신이 지향하는 예술의 방향성을 찾을 수가 없었다. 목표가 보이지 않는 여정을 혼자 걸어가면서 외로움을 견뎌야 했다. 그렇다고 안이하게 자신을 위로해줄 친구나 가벼운 예술을 찾아 쉽게 흘러가지 않았다. 2년 반 후, 그는 피카소의 그림을 만나 드디어 추상화라는 스타일에 빠져 들어간다. 이때부터 오카모토는 그리기만 했다.

그는 혼자 있는 시간 동안에 철저하게 힘을 비축했다. 비축한 힘을 바탕으로 작업해나갔고, 그 힘을 다 소모한 후에는 다시 작업을 하며 힘을 비축했다. 그림의 아이디어는 변해도 기본 노선은 변하지 않았다.

그의 작품은 모두 자신을 모방한 것처럼 보인다. 모방이라는 표현이 적절할지는 모르겠지만 그는 자신의 세계를 변형, 발전시키고 있었다. 그래서 그의 작품을 보면 한눈에 오카모토의 작품이라는 것을 알 수 있다. 작품 그 자체가 '오카모도 다로'라는 얼굴을 하고 있는 것이다.

열등한 예술가는 오히려 스타일을 다양하게 변형한다. 때론 이전 스타일과 공통점을 찾을 수 없을 만큼 완전히 바꿔버리고 중심축을 갖지 못해 기존 예술을 모방한다. 이것은 위험한 일이다.

훌륭한 사람들은 단순히 재능이 뛰어났기 때문에 대단한 업적을 이룬 것이 아니다. 중요한 것은 자신 안의 원형(原型)을 언제 만드는가이다.

나는 혼자 있는 시간 동안 나만의 사고방식의 원형을 확립했다. 그때 내 일의 원형을 갈고닦았다는 확신이 있었기에 당장 성과가 눈에 보이지 않아도 무너지지 않을 수 있었다.

흔히 오래 함께한 부부는 전우와 같다고 한다. 빠르게 변하는 세상 속에서 경제 공동체, 운명 공동체로 살아가니 그런 기분도 들 것이다. 하지만 그것보다 더 중요한 것은 자기 자신을 전우라 생각하고, 전우로서 사랑하는 것이다. 누구에게도 인정받지 못하고 고군분투하던 지난날의 자신을 알고 있는 것은 자기뿐이기 때문이다.

버려야 할 감정은
빨리 흘려보내라

나는 강이 가까운 곳에서 자라서 그런지 강을 보고 있으면 마음이 차분해진다. 그래서 마음이 복잡할 때는 강으로 달려가고 싶어진다.

강물이 흐르는 것을 보며 "강은 끊임없이 흐르면서 원래의 물로도 있지 않는다. 웅덩이에 뜬 물거품은 사라졌다가 이어졌다가" 하는 『방장기』의 서두를 읊조리며 돌 하나를 던지면 힘이 솟는다.

사람은 물과 밀접한 관계성을 갖는다. 인류는 바다에서 진화해왔고 태아일 때는 엄마의 뱃속, 물의 세계에 있었다. 그래서인지 욕조에 물을 채우고 몸을 담그거나 물속에서 몸을 편안하게 흔들다 보면 마음이 차분해진다. 많은 문학가들은 이 '물'이 주는 멋진 상상력을 글로 옮겼다.

프랑스의 과학 철학자이자 시(詩)학자인 가스통 바슐라르는 물질적 상상력(물질의 내면성에 의해 유발되는 상상력)론을 펼치며 저서 『물과 꿈』에서 "물이 가지고 있는 모든 것을 세부적으로 생각하다 보면 어느덧 물은 나의 근원적인 심리적 상징이 되고 만다"고 했다. 실제로 물이나 물이 있는 풍경은 감정이나 몽상을 환기하는 계기가 된다. 또 "나의 즐거움은 지금도 역시 작은 강과 친구가 되어 제방을 따라 바른 방향, 즉 인생을 어딘가 다른 곳으로, 이를테면 이웃 마을 쪽으로 이끄는 물의 흐름에 따라 걷는 것이다"라고 하듯 위로가 되기도 한다.

미야자와 겐지는 『봄과 아수라』에 수록된 '숲과 사상'에서 "저기 저편에 / 나의 생각이 / 몹시 빨리 흘러가"라고 생각을 흐름의 이미지로 서슴없이 드러냈고, 가와바타 야스나리는 『산 소리』에서 물의 이미지를 독특하게 그렸다. 노년의 피로함을 느끼는 주인공 신고는 며느리 키쿠코에게 뇌를 세탁하는 상상을 하고 있었다고 털어놓는다.

"난 말이다. 요즘 머리가 심하게 멍해진 탓에 해바라기를 봐도 머리를 생각하게 되는구나. 저 꽃처럼 머리가 깨끗해질 수 없을까 하고. 조금 전 전차 안에서도 머리만 세탁하거나 수선할 수 없을까 하는 생각을 했단다. 머리를 싹둑 자른다고 하면 잔인하지만 머리를 잠깐 몸에서 떼어내어 빨래처럼 '저기, 이것 좀 부탁하오'라고 대학 병원에라도 맡길 수 있으면 좋으련만."

_가와바타 야스나리, 『산 소리』 중에서

혼자 있으면 우울해져서 푹 가라앉는 사람이 있다. 그럴 때는 가만히 앉아 생각만 하지 말고, 시원시원한 물의 흐름을 상상해보거나 실제로 강에 달려가 본다. 그러면 우울한 생각이나 고민이 물의 흐름과 함께 흘러가는 듯한 쾌감을 느낄 것이다.

생각을 일정 정도 자기 안에 꾹꾹 담아두면서 성숙시키는 시기가 필요하다는 의견에는 동의한다. 하지만 "생각한 것을 말하지 않으면 체한다"는 말도 있듯이 담아두기만 하면 머릿속에 부정적인 생각이 가득 차 정신적으로 위험해질 수 있다. 지나치게 많은 생각을 꾹꾹 눌러두었다가 한꺼번에 터지면 큰일이기 때문이다. 그 전에 능숙하게 생각과 감정을 해소해야 한다.

하고 싶은 말을 속으로만 되뇌면 그것은 자신을 상처 내는 칼이 될 수 있다. 그러나 감정을 능숙하게 표출하면 마음에 쌓인 것이 해소되기도 한다. 말이 마음속의 더러움이나 응어리를 흘려보내는 역할을 해주기 때문이다. 혼자일 때는 담아둬도 다른 사람을 만났을 때는 표현하는 것이 가장 바람직한 방법이다.

옛 일본인은 정원에 물을 들이거나 가레산스이(枯山水, 물을 사용하지 않고 돌과 모래 등으로 산수의 풍경을 표현하는 정원 양식) 등 물의 흐름을 가까이서 느낄 수 있는 풍경을 만들었다. 우리도 그들처럼 쉼 없이 흘러가는 물을 보면서, 흘려보내야 할 감정들은 빨리 흘려보내야 한다. 그래야 자신을 상처 내지 않고 앞으로 나아갈 수 있다.

생각만으로
안정감을 주는
마인드컨트롤

나는 물뿐 아니라 땅과 불, 바람…… 자연이라면 어느 것이든 고독의 시간을 위로해준다고 생각한다. 가스통 바슐라르도 『불의 정신분석』을 시작으로 『물과 꿈』 『하늘과 꿈』 『대지와 의지의 몽상』 등 자연을 소재로 방대한 저서를 남겼다. 모두 내 인생의 책이다.

  불은 항상 변화무쌍하다. '생명의 불꽃을 태운다'는 말이 있듯이 불은 살아 있는 에너지를 상징한다. 흔들리면서 형태는 변화하지만, 타고 있다는 본질은 바뀌지 않으며 계속 보고 있으면 마음까지 따뜻해진다.

  예로부터 종교에서도 불을 피우는 것은 생명력의 상징이

었다. 조로아스터교는 배화교(拜火敎)라 하여 불을 숭배해 왔고, 불을 신으로 숭배하는 종교와 집단은 원시시대부터 셀 수 없이 많았다.

이렇게 불은 생명력과 에너지의 상징이지만, 현실에서 실제 불을 보기는 쉽지 않다. 그럴 때는 마음속에 불이 타오르는 이미지를 떠올리는 것만으로도 힘을 얻을 수 있다.

실제로 고독과 모닥불은 꽤 닮았다. 무라카미 하루키의 「다리미가 있는 풍경」(『신의 아이들은 모두 춤춘다』에 수록)에는 불 지피기에 좋은 나무가 흘러드는 해안가 마을에 사는 중년 남자가 등장한다. 불을 지피는 데 탁월한 재능을 지닌 그는, 손에 작은 불길만 닿아도 활활 타오른다. 그것을 과묵히 바라보는 젊은 여성은 불꽃을 통해 다양한 것을 느낀다.

"아저씨, 가만히 불의 모양을 보고 있다가 이따금 이상한 기분 같은 것 느낄 땐 없으세요?"
"그게 무슨 뜻이지?"
"우리가 평소 생활에서는 특별히 느끼지 못하는 것이 이상하게 생생하게 느껴진다든가 하는 것 말이에요. 뭐라고 할까…… 머리가 나빠서 잘 표현하진 못하겠지만요. 이렇게 불을 보고 있으면 까닭 없이 참 평화로워져요."

미야케 씨는 곰곰이 생각에 빠진 듯하더니 말했다.

"불이란 건 말이야, 그 형태가 자유롭지. 자유롭기 때문에 보고 있는 사람의 마음에 따라 무엇으로든 보이거든. 준코가 불을 보고 평화로워진다면 그건 준코 속에 있는 평화로운 마음이 거기에 비치기 때문이야. 그런 걸 이해할 수 있겠어?"

_무라카미 하루키,「다리미가 있는 풍경」중에서

다음은 '땅' 이야기를 해보자.

땅과 연관된 것은 인간에게 편안함을 준다. 흙과 진흙, 더 넓게는 보석도 흙의 결정체라고 할 수 있다. 미야자와 겐지는 보석을, 땅속에서 수백만 년의 시간을 갈고닦은 것으로 그리곤 했다.

아이들은 진흙 덩어리나 진흙 터널 만드는 놀이를 좋아하는데, 사실 어른들도 좋아한다. 도예가 바로 어른들의 진흙 놀이다. 많은 사람들이 흙을 이기거나 물레를 돌려보고 싶어 한다. 하지만 물레를 돌린다고 할 때, 누군가와 이야기를 나누며 돌리는 것을 상상하는 사람은 없을 것이다. 그때는 선생님이 있어도 오롯이 혼자서 그릇을 만드는 데 집중한다. 그러다 보면 잡념이 사라진다.

또한 '바람'을 느껴보자. 바람을 온몸으로 맞는 것도 혼자 있는 즐거움을 더해준다. 바이크는 좀 위험하지만, 바람을 가르는 편안함은 말로 표현할 수 없을 만큼 좋기 때문에 그 위험을 감수하고도 타게 된다. 인간에게 스피드를 즐기는 것은 일종의 쾌락이지만, 자동차의 몸체에 보호받으며 느낄 수 있는 스피드는 한정되어 있다. 그렇기에 차를 타고 느끼는 바람과 바이크를 타고 느끼는 바람은 확연히 다르다. 나도 청춘의 한 시기에 바이크를 타고 바람을 가르며 혼자 달리면서 마음속의 더러움이 씻겨져나가는 느낌을 맛보곤 했다.

미야자와 겐지는 자주 바람 속을 거닐며 바람에 관한 시를 지었다. 시집 『병중(病中)』에 수록된 '바람이 밖에서 부른다'라는 시에는 형편이 어려워 후줄근한 외투 차림으로 "너는 바람과 결혼한다고 하지 않았느냐"라며, 바람에 이끌려 밖으로 나가게 되는 겐지의 심경이 잘 나타나 있다. 병을 앓던 누이 토시가 세상을 떠난 후 겐지를 위로해준 것은 자연밖에 없지 않았을까. 실제로 자연의 품에 안기면 누구든 치유받을 수 있다. 다만 바쁜 현대인은 자연을 접하는 것조차 어려울 뿐이다.

하지만 인간에게는 상상력이 있다. 숲속에 가지 않고도, 불이나 물을 바라보고 흙을 이기면서 마음을 다스릴 수 있다. 우주를 집약한 것과 같은 자연이 자신과 이어져 있다는 상상만으로도 충만해진다. 자연을 통해 위로받을 수 있다면 혼자 있는 시간에 수월하게 적응할 수 있고, 가까운 사람이 나를 저절로 이해해주기 바라는 과도한 기대도 하지 않게 된다.

가족이나 부부 사이가 나쁘다, 친구나 연인과의 관계가 원만하지 않다…… 관계에 대한 고민으로 예민해져 있을 때는 모든 인간관계로부터 멀어지는 게 나을 때도 있다. 그러나 실생활에서 가까운 사람들과 거리를 두는 것은 가능할지 몰라도, 다른 사람들과 완전히 엮이지 않는 것은 불가능하다.

만약 마음을 둘 곳이 없어 괴로울 때는 지금 자연의 품에 안겨 있다고 상상하자. 그때 사람은 고독하지만 풍요로워질 수 있다. 이런 '몽상'을 통해 혼자라는 것을 긍정하고, 자연의 이미지를 자기 것으로 소화하면 혼자 있는 시간을 소중히 여기게 될 것이다.

'몽상'이라는 정신 활동을 독려했던 바슐라르의 말처럼, 애초에 몽상은 고독을 극복하는 하나의 기법이다. 시인은 몽상의 세계에서 놀고 있다. 시인은 오감을 인식하는 능력이 뛰어나기 때문에 고독을 보통 사람보다 능숙하고 긍정적으로 활용한다. 즉, 이마주에 뛰어난 것이다. 이마주는 이미지와 동의어로 들리지만, 이미지가 시각적인 포착이라면 이마주는 한 걸음 더 나아가 그 세계에 완전히 빠져들어 오감으로 인식하는 것을 말한다.

시인은 우리에게 다양한 이미지와 이마주를 부여해준다. 뒤에서 소개될 나카하라 주야의 시 '달밤의 해변'에서, 달밤에 단추를 줍고 버리지 않는 것은 이미지이지만 "더러움을 버린 슬픔에 / 오늘도 가랑눈이 내리기 시작한다"는 이마주다. 이렇게 삶이 우리에게 주는 감정들을 충분히 맛보려면 역시 고독한 상황과 고독한 몽상이 필요하다.

> 우주적 몽상은 우리가 계속해서 연구하듯이 고독한 상태의 현상이며 몽상가의 영혼 속에 뿌리내리고 있는 현상이다. (…) 우주적 이마주는 혼에, 고독한 혼에, 모든 고독의 원리인 혼에 속한 것임을 증명할 수 있다.
>
> _가스통 바슐라르, 『몽상의 시학』 중에서

그런 의미에서는 이마주의 세계가 빈약한 인생은 심하게

표층적이고 단조로울 것이다. 몽상하는 사람만이 삶의 근원적인 의미에 다다를 수 있다.

몸의 상태가
기분의 상태를
결정한다

인간은 세상과 단절되어 있다고 느낄 때 가장 혹독한 고독감을 느낀다. 정신과 의사 R. D. 랭도 저서 『분열된 자아』에서 그렇게 말하고 있다. 이 책은 분열증 환자에 대해 쓴 책이지만 보통 사람들도 외로움이나 쇼크 등 극도의 스트레스 상태일 때는 자신이 비현실적인 악몽 속에 있는 것 같은 경험을 하게 된다고 말한다.

랭에 따르면 정신 상태와 육체가 일체감을 느끼는 '신체화(실제 신체 이상이 있는 것은 아니지만 스트레스와 같은 심리적인 이유로 신체 증상이 나타나는 것을 말한다. 극심한 스트레스로 인한 복통이나 월경통, 현기증 등이 그 예다)된 인간'은 타인이나 현실 세계에 관여하지만, 자아와 육체가 일체감을 상실하고 자아가 '진짜 자아(내적 자아)'와 '가짜 자아(외적 자아)'로 분열된 사람은 현실감과 신체 감각을 잃어 자신의 체험을 현실적인 것으로 지각할 수 없게 된다. 이렇듯 신체화되지 않은, 즉 현실 세계와의 사이에 균열이 생긴 사람은 살아 있음을 실감할 수 없다.

이런 상태가 계속되면 분열된 자아와 현실 세계는 점점 멀어진다. 이렇게 자아와 세상이 분리된 상태는 매우 위험하다.

바꾸어 말하면 자아와 신체가 밀접하게 연합하여 '외부 세계'와 연결되어 있다는 느낌을 갖는다면 혼자 있어도 세상과 동떨어져 있다는 생각까지는 하지 않는다. 즉, 고독에 짓밟히지 않으려면 기본적으로 신체와의 일체감을 중요하게 여기고 몸과 정신의 상태가 일치가 되어야 한다.

이 점을 잘 기억해야 한다. 몸의 상태가 안정되면 곁에 누가 없어도 정신적으로 안정된다. 혼자여도 괜찮다고 생각하면 당차진다. 몸은 기분과 직결되기 때문에 자신의 몸 상태에 민감하면 기분을 파악하여 조절하는 것은 어렵지 않다. 지금 자신이 어떤 상태인지를 알고 싶다면 먼저 의식이 몸을 향하도록 한다. 몸의 상태를 구석구석까지 느낄 수 있다면 우주와 하나가 된 것 같은 일체감이 들 것이다. 요가나 선, 태극권 등이 바로 그 충족감을 목표로 한다.

자신의 몸에 신경 쓰지 않는 사람은 혼자가 되었을 때 외로움에 사로잡히는 경우가 많다. 나에게는 소홀하고 주변에만 신경 쓴 결과다.

한때 빠져 있던 노구치 미치조 교수의 '노구치 체조'는 지구의 중심, 즉 중력을 끊임없이 의식하면서 자신의 몸의 무게를 느끼는 것이 핵심이다. 노구치는 중력과 싸우지 말고 중력을 자기편으로 여겨야 보다 유연하고 편안하고 안정적으로 설 수 있다고 말한다. 이때 안정이란 몸의 중심축이 중력의 방향과 일치하는 것을 의미한다. 예를 들어 화병이 쓰러지지 않고 안정적으로 서 있는 것은 중력을 거스르지 않고 똑바로 있기 때문이다. 몸도 이러한 상태가 된다면 마음까지 차분해진다. 좌선을 떠올려보기 바란다. 힘을 빼고 몸의 무게를 생생하게 느낄 수 있다면 안정감이 생긴다.

독일의 철학자 후설이 말한 "의식은 항상 무언가에 대한 의식이다"라는 지향성, 아일랜드 소설가 제임스 조이스가 강조한 '의식의 흐름' 등을 봐도 의식은 항상 향할 방향을 찾는다. 의식이 흘러가는 곳에는 항상 자아와 몸이 함께 있어야 함을 깨닫기 바란다.

그래서 나는 몸을, 운반이 가능한 하나의 사원으로 간주했으면 한다. 밖이 아닌 절이나 돔 안에 조용히 있다 보면 사람은 자신을 되돌아볼 수 있다. 몸이 자주 가는 카페처럼 편안한 공간이 될 수 있다면 혼자 있어도 안도감이 생긴다. 그럴 때는 혼자여도 외롭지 않다. 고독 속에서도 어떤 큰 존재와 이어져 있다는 충실감을 느낄 수 있기 때문이다.

**생각의
균형을
잡아라**

동양에서는 일반적으로 몸을 하나의 소우주로 간주한다.

얼마 전 태극권의 권위자 한 분께 이야기를 들을 기회가 있었다. 중국 명나라 때부터 태극권의 원류(源流)라 불리는 진무 28대의 직계 후계자 진하이산이라는 분이었다. 진 선생에 따르면 몸이란 음과 양으로 이루어진 하나의 우주이며, 태극권의 음양은 하나하나의 움직임뿐만 아니라 인간의 몸과 마음에도 존재한다. 그 음양의 균형이 이뤄져야 모든 것이 잘 흘러간다.

태극권은 곡옥(옥을 반달 모양으로 다듬어 끈에 꿰어서 장식으로 쓰던 구슬)이 어우러진 것과 같은 음양의 태극도를 현실의 동작으로 고안한 것이다. 상대의 공격이 양이면 음으로 받고, 음이면 양으로 받는다. 그다음은 방향을 바꾸며 자신과 상대의 음과 양을 역이용하여 부드럽게 공격한다.

실제로 동작을 봤는데 동작 하나하나가 이치에 맞아떨어지는 느낌이었다. 예전에 공수도를 한 적이 있는데 태극권과는 상당히 다른 느낌이었다. 공수도에서는 자신과 상대의 힘이 확실하게 부딪치는 느낌을 받는다. 하지만 태극권은, 부딪쳐도 부딪치는 느낌이 들지 않는다. 서로의 몸에 닿기는 하지만 부딪친다기보다는 합일되는 느낌이다. 합기도와 통하는 면이 있을지도 모르겠다.

격투기를 할 때는 맨몸으로 상대와 싸우지만 자신과 싸워야 할 것들도 있다. 질투심, 경쟁심, 후회, 뭔가를 잃은 슬픔처럼 스스로 싸워내야 할 생각들이 마음속에 생긴다. 그것을 굳이 '음'이라고 불러야 할지는 모르겠지만, 이런 부정적인 감정이 들 때 억지로 억누르는 것은 좋은 방법이 아니다. 오히려 부정적인 감정을 인정하면서 균형을 취하는 것이 중요하다. 모든 것에는 음양이 존재하고, 그것이 균형을 이루는 상태가 최선이기 때문이다. 이러한 음양의 사고방식을 취하면 분노의 감정도 수월하게 조절할 수 있다. 한방에서도 '기'가 약해진 부분은 그에 맞는 한약과 기공 방법으로 에너지를 보충하고, '기'가 너무 강한 부분은 눌러서 균형을 취하도록 처방한다.

마음의 균형이 무너졌을 때 생각만으로 해결하려고 하면 어렵다. '음'의 기운이 압도적으로 강해지면 우울한 기분이 든다. 침울한 기분일 때 억지로 "자, 오늘도 힘내자!"라고 외쳐봤자 힘이 날 리 없다. 마음의 상태가 안 좋을 때는 오히려 몸의 상태를 먼저 살펴보는 것이 기분을 바꾸는 데 효과적일 수 있다.

우리는 생각이 지나치게 많다. 항상 '나란 존재는 무엇인가?'라는 물음으로 스스로를 들볶고, 그에 대한 답으로 쉽게 '나는 의미 없는 존재가 아닐까'라고 생각하며 자신을 궁지로 몰아넣는다. 고독에 삼켜져 세상에 대한 공격적인 생각을 갖게 되는 것을 방지하려면 먼저 마음의 상태에 영향을 주는 몸의 상태를 점검해야 한다.

언젠가 발레리나 쿠사가리 다미요 씨와의 대담에서 몸을 안정시키는 방법에 대해 물어본 적이 있다. 쿠사가리 씨는 몸의 중심을 복근과 등 근육으로 꽉 조이고 위로 쭉 들어 올리면서 중심을 아래로 향하게 하는 것이 방법이라고 했다. 몸의 중심을 아래로 향하면 중력의 반발로 힘이 다시 위로 치고 올라오기 때문에 중심이 탄탄해진다. 그러면 몸을 관통하는 수직의 축이 생겨 몸뿐만 아니라 마음도 안정된다고 한다.

지금 일본에서 유행하고 있는 태극권은 주로 무릎을 사용하는 유파이지만 진무의 태극권에서는 제하단전(臍下丹田), 즉 허리와 배를 중시한다. 몸을 움직일 때도 몸 전체의 힘을 완화시켜 허리 중심부터 움직이도록 하면 전신이 부드럽고 원만하게 움직인다. 그것만으로도 기분이 안정된다.

일본에서는 도코노마(일본식 방의 상좌上座에 바닥을 한층 높게 만든 곳으로, 벽에는 족자를 걸고 바닥에는 꽃이나 장식물을 꾸며놓은 곳)에 흔히 돌이나 항아리를 장식한다. 그것을 보고 있으면 자연의 물건들이 제자리를 찾아 적절한 자리에 있다는 생각이 든다. 완전한 균형을 이루는 느낌이다.

때론 스스로 매우 균형 있게 서 있다는 느낌이 들 때가 있지 않은가. 좌우, 전후, 상하의 균형을 잘 유지하면 모든 방향에서 같은 힘으로 끌어당겨지고 있는 듯한 안정감이 든다.

도코노마에 놓인 항아리처럼 서 있을 수 있다면 그것만으로도 우리는 몸과 마음이 하나가 됐다는 것을 느끼고, 한층 편한 마음으로 생활할 수 있다.

마음을
안정시키는 소리는
따로 있다

이 책을 읽는 사람이라면 고독을 조금이나마 이해하는 사람일 것이다. 고독할 때는 당연히 어떻게든 외로움에서 벗어나고 싶어 한다.

지나치게 한가하면 우울해지기도 한다. 나는 시간이 남아돌던 학생 시절이나 취업을 준비하던 시절에 우울해지지 않으려고 스트레칭에 많은 시간을 할애했다. 특히 다리 벌리기에 공을 들여, 가슴과 배가 바닥에 닿게 하려고 날마다 혼자서 특훈을 했다. 특훈이란 바닥에 앉아 몸을 앞으로 뻗는 것이다. 몸을 숙일 때 숨을 깊이 내쉬면 수 센티미터씩 유연성이 늘어난다. 특훈의 성과로 몸의 균형이 좋아지는 것을 느끼는 것도 큰 즐거움이다. 몸을 다루는 원리를 발견하면 그것만으로 처진 기분을 회복할 수 있다.

또 한 가지 내가 기분을 회복하기 위해 자주 사용하는 방법은 욕실에서 허밍을 하는 것이다. 보통 사람은 혼자 있으면 외롭다고 느끼지만 이때만큼은 혼자인 게 편안하고 즐겁다. 목욕을 하면서 허밍을 하는 시간은 오히려 혼자 있다는 것에 감사하게 되는 몇 안 되는 시간일지도 모른다.

<u>목소리를 내어 자신의 몸을 울려보자. 그 진동은 더없이 편안하다.</u> 허밍뿐 아니라 소리 내어 노래를 부르는 것도 예전부터 있었던, 자신의 몸을 다스리는 방법이다. 발성에는 시 낭송이나 노래, 염불 등도 포함되는데, 예전에는 마을 여기저기서 시나 노래를 읊고 다니는 사람들이 많았다고 한다.

휴대용 플레이어로 어디서든 음악을 듣고 몸을 흔드는 것도 자신의 몸과 마음을 기분 좋게 하나로 만드는 방법이라고 생각한다. 하지만 하루 종일 헤드폰을 쓰고 타인이 만든 음악으로 뇌와 몸을 마비시키는 것은 피해야 한다.

영화관에서는 쿵쾅대는 스피커 소리가 거슬려 앞자리를 꺼리면서도, 헤드폰을 쓰고서는 시끄러운 음악을 잘도 듣는다. 하지만 이렇게 직접적으로 귀를 자극하면 점점 더 그런 식으로 음악을 들을 수밖에 없다. 마약과도 같은 중독성이 생겨 끊을 수 없기 때문이다.

마이클 무어 감독의 영화 '화씨 911'에는 이라크를 침공한 미군 병사가 "전차(戰車) 안에서는 귀가 터질 듯한 록음악을 틀었다"고 증언하는 장면이 나온다. 랩 리듬을 타고 "죽여버려, 불태워버려"와 같은 파격적인 가사가 조종실에 울려 퍼진다. "자극이 강렬한 음악에 몸을 맡기다 보면 정말로 뭐든 해버릴 것 같은 기분이 든다"고 병사는 말했다.

물론 음악 때문에 극단적인 행동을 하는 경우는 많지 않을 것이다. 하지만 실제로 음악을 들을 때 뇌의 전두엽에는 혈류가 거의 흐르지 않는다. 따라서 오랜 시간 뇌에 부담이 가해지지 않는다면 뇌에서는 '슬럼화'가 진행된다.

음악을 만들거나 연주하는 사람의 뇌는 듣기만 하는 뇌와 전혀 다르다. 전두엽이 풀가동되어 엄청난 혈류가 흐른다. 뮤지션 중에는 연주뿐 아니라 가사도 쓰고 곡도 만드는 전천후 재능을 지닌 사람이 있는데, 그런 사람들의 전두엽에는 엄청난 혈류가 흐르고 있을 것이다.

일반적으로 '음(音)'이라고 하는 것은 '기도음(氣導音)'이다. 기도음은 공기를 매개로 고막을 진동시키고 그것이 청각 신경을 자극하여 뇌가 음악으로 인식하게 한다. 하지만 음에는 '골도음(骨導音)'이라는 음도 있다. 이 음은 고막을 진동시키지 않고 두개골 등의 뼈로 전해져 직접 청각 신경을 자극한다. 지금까지 별로 알려지지 않은 개념이지만 이미 '뼈 전도 기능'을 탑재한 휴대전화가 나오기도 했다.

자신의 목소리를 녹음해서 들어보면 평소 자기가 생각한 목소리와 달라 이질감을 느낀다. 자신의 목소리라고 느껴지지 않을 정도다. 녹음된 목소리를 '이상하다'고 느끼는 것은 기도음과 골도음이 합쳐진 소리를 듣기 때문이다.

목소리의 울림은 두개골이나 턱 등의 구조와도 관련이 있다. 즉, 다양한 유전적 형질이 모두 합쳐져서 '소리'가 만들어지는데, 보통 골도음만으로 이루어진 음의 울림이 더 좋다.

소리의 울림을 노래보다 확실하게 느낄 수 있는 것이 허밍이다. 허밍은 음의 진동, 바이브레이션 그 자체다. 허밍으로 우리는 음의 진동을 확실하게 실감할 수 있다. 특히 진동이 공기나 물을 매개로 전해지면 울림을 더욱 확실히 느낄 수 있다.

습도가 높은 욕실 욕조에 잠겨 허밍을 하면 몸이 물과 어우러져 이완되고 울림이 강해져 편안한 상태가 된다. 마음을 다스리는 방법으로 욕실에서의 허밍을 추천한다.

나만의
창의적인 방법으로
재충전하라

일반적으로 여성은 남성에 비해 혼자 있는 것을 좋아하지 않는 것 같다. 주변을 살펴봐도 진심으로 '혼자여도 괜찮아' '혼자 있고 싶어'라는 여성은 많지 않아 보인다.

그러나 현실에서 남성보다 여성들이 혼자만의 시간을 더 충실하게 보낸다. 혼자 있는 시간을 보내는 방법도 상대적으로 다양하다.

"음악이 흐르는 편안한 방에서 재스민티를 마시며 나다운 하루를 마감하고 싶어." 안리(일본의 여성 가수 겸 작곡가)의 노래 '올리비아를 들으며'에 그려진 삶을 현실에서 살고 있는 여성도 많다. 정말 멋진 일이다.

옛날 여성들은 누군가를 위해 무언가를 했다. 누군가의 시중을 들거나 도움을 주는 것이 자신의 존재감을 확인하는 큰 수단이었다. 그렇게 다른 사람을 통해 스스로의 존재를 확인했다.

하지만 언제부터인가 여성은 누군가에게 의존하지 않고도 스스로 충만해질 수 있다는 것을 깨닫고, 혼자 있는 시간을 풍요롭게 보내기 위한 방법을 찾았다.

여성들이 혼자 있는 시간을 충실히 즐기는 모습을 보면 눈이 휘둥그레질 정도다. 예를 들어 아로마테라피는 이제 여성들에게 지극히 보편적인 아이템이다. 혼자만의 쾌적한 시간과 공간을 연출하는 데 향만큼 좋은 것도 없다. 무한한 상상력이 펼쳐지고 기분도 여유로워진다. 혼자 있다는 것을 긍정적으로 받아들이게 한다.

남자는 혼자만의 시간에 무엇을 할까. 맥주를 한 손에 쥐고 스포츠 중계를 보거나 신문을 읽으며 뒹굴뒹굴 시간을 때울 뿐이다. 아로마테라피에 빠져 있는 남자는 본 적이 없다. 또 여자들이 훨씬 꼼꼼하게 옷이나 생활용품의 촉감이나 디테일까지 살펴본다. 와인이나 소주가 유행한 것도 여자들 덕분이다. 여자들은 샐러드에 든 채소의 이름을 술술 나열하지만, 나를 포함한 남자들은 채소를 양상추 친구 정도로밖에 인식하지 않는다.

여성 잡지에는 매일같이 일상을 즐기기 위한 특집 기사가 실려 여자들은 세심한 정보를 계속 얻는다. 물론 남성 잡지도 있지만 남자의 서재나 자동차, 문구류 등 정해진 소재를 벗어나지 못한다. '꽃중년'의 멋 내기 방법 같은 정보도 전부 여성을 의식해서 여성들이 좋아하는 스타일로 멋을 내기 위한 것이지, 남자들의 욕망을 충족시키기 위한 것은 아니다.

내가 보내는 가장 풍요로운 시간은 목욕이지만 욕조에 잠기는 것만으로 충분히 만족한다. 여자들처럼 입욕제나 캔들까지 신경 쓰지는 않는다.

남자들이 '음, 멋진 혼자만의 시간이었어!'라고 말할 수 있을 장면이라면 무라카미 하루키의 소설 속 주인공이 멋지게 맥주를 마시는 장면 정도일 것이다. 그 정도로 남자들이 혼자 있는 시간을 보내는 방법은 정형화되어 있다. 담배, 중절모, 트렌치코트로 상징되는 미국의 옛 영화배우 험프리 보가트가 완성시킨 남자의 세계에 수십 년 동안 발만 담근 채 아무런 변화 없이 지내온 것이다.

동서고금을 막론하고 남자의 미학을 대표하는 아이템이었던 담배도 지금은 세계적인 금연 열풍으로 외면당하고 있다. 그러고 보니 섹스 후 담배를 무는 남자도 꽤 많았다. 조용히 연기를 빨아들이고 내뿜는 그 순간, 담배를 피우고 있으면 잠시나마 아무 말 없이 혼자만의 시간을 만들 수 있다. 미우라 준(만화가, 일러스트레이터)이 쓴 『바른 보건체육』을 보면 담배가 잠자리 대화에 서툰 남자를 위한 작은 구원이었다는 내용이 있는데, 그 예리함에 나도 모르게 고개를 끄덕이고 말았다.

최근에는 담배를 맘껏 피우기도 어려워졌지만, 어쩌면 그것은 중요하지 않다. 연기를 바라보며 연출하는 고독은 어차피 연기일 뿐인 경우가 많기 때문이다.

일상의 작은 즐거움을 찾아내고 즐기다 보면 '혼자'라는 것이 부정적인 의미로 여겨지지 않는다. 오히려 온전히 자기만을 위한 재충전의 시간으로 활용할 수 있다.

이제 남자들도 슬슬 혼자만의 시간을 충실히 보내기 위한 새로운 아이템을 고민해야 할 때가 아닐까.

4

혼자인 시간이
나에게
가르쳐주는 것들

떠날 수 있는 용기

고독을 떠올리면 역시 다네다 산토카나 오자키 호우사이 같은 방랑 시인들이 떠오른다. 그들은 모든 것으로부터 벗어나 발길 닿는 대로 자유롭게 돌아다니며 고독을 즐겼다. 지금 당장 훌쩍 떠나 고독을 즐길 수 있는 사람은 많지 않다. 그렇기에 우리는 그들을 통해 일종의 대리만족을 한다.

나는 단골 바에 가서 홀로 술잔을 기울이며 고독을 즐기는 데 서툴다. 하지만 지방 강연회나 여행을 가서 가끔 혼자 가게에 들어갈 때, 낯선 도시가 주는 분위기 때문에 이방인이 된 것 같은 신기한 해방감을 느낄 때가 있다. 주위에서 들려오는 방언도 묘하게 마음을 편안하게 한다.

여행이 습관이 된 사람 중에는 방랑이라는 삶의 방식을 선택한 사람도 있다. 산토카나 호우사이도 고독을 품고 속세를 떠나 자유로이 시를 읊었다.

 "들어올 것 없는 양손으로 받는다" "기침을 해도 혼자"와 같은 호우사이의 시구는 외로움을 직설적으로 표현하여 마음을 아리게 한다.

 그러나 산토카의 시구에는 유머가 있다. 그 대비를 통해 보다 선명한 고독의 힘을 느낄 수 있다. "뒷모습이 눈물을 흘리고 떠나가는구나" "헤치고 들어가도 헤치고 들어가도 푸른 산" "어찌할 바 모르는 내가 걷고 있다" "똑바른 길이라 외롭구나" 등의 시구는 그야말로 '떠남'을 동경하는 사람들의 바이블이다.

 그들뿐 아니라 문학가 중에는 방랑자가 많다. 마쓰오 바쇼, 고바야시 잇사, 헤밍웨이, 헨리 밀러 등이 그렇다. 고이즈미 야쿠모(라프카티오 헌)도 방랑자다. 그는 그리스에서 태어난 영국인으로 19세에 미국으로 건너와 40세가 되던 해에 일본으로 와서 귀화했다.

 사실 방랑은 그 자체가 고독을 즐기는 기술이다. 마음이 한곳에 머물면 상태는 악화된다. 하지만 걸으면 주변의 풍경이 바뀌어 간다. 그런 흐름에 융화되면 마음도 흘러간다.

이것이 외롭고 우울하다고 집에만 틀어박혀 있지 말아야 할 이유다.

계속 걷다 보면 잡념이 사라지고 몸과 마음이 가벼워진다. 그래서 훌쩍 떠날 수 없는 많은 사람들이 혼자 있는 시간을 즐기기 위해 '걷기'라는 방법을 활용하고 있는 게 아닐까.

자유롭게
그러나
현실적으로

자유와 고독을 사랑하는 것으로 가장 유명한 캐릭터는 누구일까. 아마 핀란드 동화 '무민' 시리즈에 나오는 스너프킨이 아닐까.

무민 계곡의 친구들은 모두 혼자만의 시간을 중요하게 생각하기 때문에 다른 사람과 거리를 두는 데 능숙하다. 서로의 영역을 멋대로 침범하지 않고 매너 있게 살아가는 것이다.

그중에서도 무민 트롤(이하 무민)의 친구 스너프킨은 고독과 자유를 사랑하여 혼자만의 시간이 없으면 안 되는 독특한 캐릭터다.

스너프킨은 남의 일에 참견하지 않지만 기본적으로 명석하고 지적이다. 마을 한복판이 아닌 조금 외진 곳에 사는 방랑자로, 마을에 있을 때는 다른 사람들과 상담도 자주 하면서 이웃의 일에 적극적으로 관여한다.

무민의 작가 토베 얀손에 따르면 스너프킨은 철학자이자 시인이자 정치가다(스너프킨은 토베 얀손의 전 애인을 모델로 만들어졌다고 한다. 스너프킨이 매력적인 이유는 아마도 사랑하는 사람을 형상화했기 때문일지 모른다). 스너프킨은 해마다 봄이 되면 습관처럼 무민을 만나러 무민 계곡으로 돌아오고 가을이 되면 남쪽으로 여행을 떠난다. 무민은 그런 스너프킨을 존중한다. 서로 계속 함께 있고 싶을 만큼 사이가 좋지만 무민은 스너프킨의 기질을 잘 이해하여 절대 그를 구속하지 않는다. 여행을 떠났다가 돌아오는 스너프킨을 무민은 몇 번이고 따뜻하게 맞아들인다.

재회한 두 사람은 다리 난간에 기대 앉아 이야기를 하거나 다리를 덜덜덜 떨며 흐르는 강을 바라본다. 서로에 대한 신뢰감을 무엇보다 잘 알 수 있는 장면이다.

이 동화에는 스너프킨이 혼자일 때 모닥불을 피우는 장면이 자주 나온다. 몸을 데우거나 차를 끓이기 위해 불을 피우는 것일 수도 있지만, 아마 불꽃을 바라보는 동안 마음속에 좋은 에너지가 생기기 때문은 아닐까. 그런 스너프킨을 보고 있으면 인간은 일부러 혼자가 될 필요가 있다는 것을 알게 된다.

하지만 오랜 시간 혼자 있으면 사람과 사귀는 법을 배울 수 없다. 일도 마찬가지다. 재충전을 한다며 일을 그만둔 후에 좀처럼 다시 일을 시작하지 못하는 경우가 있다.

인간은 의외로 무언가를 꾸준히 할 때 가장 상태가 좋다. 계속 움직이는 톱니바퀴를 멈춘 다음 다시 돌리려고 하면 잘 돌아가지 않는 것과 같은 원리다.

스너프킨처럼 계절 내내 온전히 쉬어야 재충전이 된다면 그래도 좋다. 하지만 대부분은 주말만 충전해도 상태가 나아진다. 중요한 것은 스스로 혼자 있는 시간을 보낼 나름의 방법을 알아가는 것이다.

내가 청년기 때 경험한 고독의 시간은 충전이 아닌 누전에 가까웠다. 에너지가 새기만 해서는 아무것도 이룰 수 없다. 그때 다양한 공부를 했으니 그 시간이 완전히 헛된 시간이라 할 수는 없지만 나는 그 시간 동안 충전했다고 생각하지 않는다. 그 당시 나는 송신할 곳이 없어 누전밖에 할 줄 아는 게 없는 위험한 발전소였다. 전기를 동력 에너지로 바꿀 방법을 몰라 마냥 기다릴 수밖에 없었던 슬픔을 이 책의

독자들은 가능한 한 맛보지 않았으면 한다.

누구나 혼자 있고 싶을 때 있다. 그런 시기는 보통 10대일 때 시작된다. 중학교 1학년은 아직 초등학생 티를 버리지 못하고 2학년 정도부터 본격적으로 몸과 마음의 자립이 시작된다. 그러면서 고독이라는 감정과 가까워진다. 가족과의 관계에도 변화가 생기고 자기만의 방을 갖고 싶어 한다. 고독의 힘을 키우는 첫 시기인 것이다.

20, 30대는 오히려 공부나 일을 하기 때문에 고독과 마주할 일이 별로 없다. 일에 정열을 쏟거나 새로운 가족을 만드는 시기이기 때문이다.

하지만 50대가 되면 누구나 다시 보편적인 고독감을 안게 된다. 가을이 깊었던 후에 반드시 겨울이 찾아오는 것처럼 인생의 외로움을 경험한다. 10대와 50대는 인생의 2대 전환기다. 하지만 찾아드는 고독의 성질은 당연히 다르다.

중학생 정도가 되면 그 이후로는 예전처럼 부모와 꿈을 공유할 수 없다. 오롯이 혼자서 존재감이나 성취감을 느끼고 싶어 하기 때문에 가능한 한 부모로부터 떨어지려 한다. 사춘기에 한번쯤 가출을 꿈꾸는 것도 그 때문이다.

한편 노화와 죽음이 피부로 느껴지기 시작하는 중년 이후에는 고독을 당당히 받아들여야 한다. 인생의 마지막 길은 누구나 혼자라는 각오로 삶과 죽음을 대하는 연습이 필요하다.

나이가 들수록 꿈과 타협해야 한다. 그렇지 않으면 자신을 형편없는 사람, 꿈을 현실로 이루지 못한 사람으로 여기고 실패자로 생각하게 된다. 좌절을 경험했다면 그 후에 꿈을 조금씩 수정해가는 방법을 배워나가는, 어른의 공부가 필요하다.

스너프킨적인 사람은 자신의 꿈이나 고독을 현실 가운데서 잘 받아들이고, 그에 맞게 행동한다. 그리고 그런 사람에게는 남다른 깊이가 생겨 스너프킨 같은 풍요로움이 느껴진다.

우울한 세상을
지나가는 법

'지금 살아가고 있는 시대가 나와 맞지 않다'거나 '더 이전에 태어났더라면 좋았을걸……' 하는 생각은 세상과의 거리감을 갖게 한다.

시인 나카무라 쿠사다오의 시에 "내리는 눈과 메이지는 멀어지는구나"라는 구절이 있다. 한 시대가 막을 내리고 지나간 시대에 대한 향수와 추억을 떠올리는 기분은 누구라도 느껴본 적이 있을 것이다.

나는 소설가 나가이 가후의 작품에서도 한 시대가 저무는 것에 대한 애절함을 느꼈다. 가후는 에도와 메이지의 분위기를 좋아했다. 그러나 세상은 그를 두고 점점 변화해간다. 세계대전 이후에 나온 가후의 시집 『편기관녕초』에 '지진'이라는 시가 있는데, 연고가 없는 유녀들의 시신이 안치된 조칸지에 이 시비가 세워져 있다.

이 시에서 가후는 지진으로 인해 에도와 메이지의 문화가 스러져가는 것을 한탄한다. 9대 이치가와 단주로(1838~1903, 메이지 시대에 활약한 가부키 배우)나 히구치 이치요(1872~1896, 일본의 여류 소설가)는 이미 세상을 떠났고, 우에다 빈(1874~1916, 시인이자 소설가)과 모리 오가이(1862~1922, 소설가이자 평론가)도 세상을 떠났다. 그녀는 시대와 함께 청춘의 꿈이 사라져가는 듯한 비통함을 표현한다.

그녀는 시대가 변하는 것을 알았지만 그 변화에 따라갈 수 없었다. 그러한 그녀와 세상 사이의 엇박자가 쓸쓸한 감성을 전해준다. 그러나 반대로 생각하면 그렇기에 시대와 거리를 두면서 강인한 마음을 가질 수 있었다.

시대의 감성을 온전히 이해하는 것도 기분 좋은 일일 것이다. 베이비붐 세대는 비틀즈를 최고라고 했고, 그 윗세대는 가성끽차(歌聲喫茶, 손님 모두가 합창하는 것을 주목적으로 한 다방. 1955년 전후 도쿄 등 일본 대도시에서 유행하여 1970년대 들어 쇠퇴했다)에서 포크송을 흥얼거렸다. 요즘에는 '랩이 최고!'라고 할 것이다. 하지만 친구끼리 어깨를 끌어안고 적당히 흥이 오르면 혼자 고민할 시간을 가질 수 없다. 원래 사춘기에는 누구나 감당할 수 없는 우울을 안고 산다. 그것을 시대의 분위기라 넘겨짚고 대충 넘어가려 한다면 절대 성장할 수 없다.

다니카와 슌타로의 시 '고개 숙인 청년'에는, 눈앞의 것(꾸겨진 비옷, 카레빵)에만 연연하는 시대적 분위기에 저항하는 화자의 목소리가 담겨져 있다.

고개를 숙이고
고개를 숙임으로써
너는 내게 묻는다
내가 무엇에 목숨을 걸었는가를
꾸겨진 비옷과
주머니에서 삐져나온 카레빵과
화살처럼 올곧은 영혼과
그것밖에는 갖지 못한 자의 격정으로
그것밖에는 가지려 하지 않은 자의 소탈함으로
　　　　　　_다니카와 슌타로, '고개 숙인 청년' 중에서

"고개를 숙이고 / 고개를 숙임으로써"라고 되풀이되는 이 시에서는 조금 어둡고 어설픈, 청춘다운 에너지가 느껴진다. 만일 사춘기 시절에 시대의 감성에 공감하지 못한다면 이 시의 화자처럼 진지하게 고독과 마주하기 바란다.

또 다니카와는 데뷔작 '20억 광년의 고독'이라는 시에서 젊은이의 고독을 이렇게 표현하고 있다.

만유인력이란
서로를 끌어당기는 고독의 힘이다

우주는 일그러져 있다
그래서 모두는 하나가 되려 한다

_다니카와 슌타로, '20억 광년의 고독' 중에서

다니카와가 고독에 관해 쓴 시로는 '20억 광년의 고독'과 '슬픔'이 유명한데, 나는 특히 '만유인력이란 서로를 끌어당기는 고독의 힘이다'라는 구절에 끌린다.

두 개의 물체 사이에는 항상 질량의 곱에 비례하며, 거리의 곱에 반비례하는 인력이 작용한다. 이 만유인력의 법칙에서는 중량이 무거울수록 원자핵의 수축 에너지가 크다. 수축 에너지가 너무 강해지면 블랙홀이 되어버린다. 인간에 비유하면 고독의 중량이 과잉될수록 모든 것을 삼켜버릴 듯한 위험이 생기는 것이다.

20세기 대사상가 조르주 바타유가 남긴 고독관이 그와 같다.

> 일체의 망각. 존재하는 밤의 저 밑을 향한 깊은 하강. (…) 완전무결한 암흑 속에서 심연의 공포를 맛보는 것. 고독의 한기 속에서, 인간의 무한한 침묵 속에서 전율하고 절망하는 것. (…) 신이라는 말. 고독의 저 밑까지 이르기 위한 이 말을 사용해보나 이제는 알 길이 없고 신의 목소리를 들을 수도 없다. 나는 이제 신을 알지 못한다.
>
> _조르주 바타유, 『내적 체험』 중에서

나는 땅속을 기는 듯한 어둠에 넌더리가 났기 때문에 바타유만큼 고립되는 것을 권하고 싶진 않다. 그러나 현대사회에 만연한, 고독을 받아들이지 않는 경향은 유감스럽다. 고독은 때로 아주 강인한 것을 만드는 힘이라는 것을 믿기 바란다.

책은
모든 것을
말해준다

예전에는 어느 정도의 고독감을 당연한 것으로 받아들였다. 사람은 누구나 조금은 고독한 존재라는 것을 모두 알고 있었다.

하지만 요즘에는 울적해서 기분이 조금만 가라앉아도 '쁘띠 우울'이라는 증상으로 부르며, 병적인 것으로 파악한다. 고독을 부정적으로 인식하기 시작하면 점점 우울한 상태에 빠지게 된다. 물론 우울함이 심각한 증상으로 발전하는 것도 문제이지만, 오늘날에는 유독 고독의 나쁜 면만을 부각시키는 경향이 있는 것 같다.

나는 지금까지 고독을 나의 일부로 여겨왔기 때문에, 어떻게 하면 고독을 긍정적으로 인식하게 할 수 있을지 고민해왔다.

오래전부터 문학은 인간을 고독한 존재로 표현해왔다. 우리는 문학 속에 표현된 고독한 인물들을 통해, 그 감성을 보편적으로 받아들일 수 있다. 그 대표적인 작품이 다자이 오사무의 『인간실격』이다. 완벽하게 혼자서, 완벽한 고독에 빠져 있는 주인공을 만나고 나면 "세상에 이렇게나 고독한 인간이 있었단 말인가!" 하고 놀람과 동시에 안도하게 된다. 다자이가 죽고 싶을 만큼의 고독을, 독자 대신 경험해줬다는 생각마저 든다.

문학을 통해 고독의 모습을 보게 된 우리는 어떤 감정을 느낄까. 작품 속 주인공을 동경하여 그와 같이 극단적인 선택을 할까. 그렇지 않다. 대부분은 인간이라면 누구나 어느 정도의 고독감을 피할 수 없다는 생각에 오히려 안도하고 위로받는다.

혼자 태어나서 혼자 죽어야 하는 우리는 쓸쓸함을 안고 살아가야 한다. 그 사실을 받아들이면 우리는 고독을 부정적인 감정이 아닌 내 감정의 일부로 여길 수 있다.

키에르케고르는 살아가는 것의 막연한 불안과 절망을 담은 책 『죽음에 이르는 병』에서 "고독이란 생명의 요구"라고 썼다. 가르시아 마르케스는 고독이라는 병에 빠져 있던 남미 한 가문의 장대한 이야기 『백 년 동안의 고독』을 썼다.

고독을 명확하게 언어화한 작품을 접하면 적어도 우리는 누군가와 고독을 공유할 수 있다. 더구나 공감의 상대는 위대한 선인들과 문학의 대가들이다. 고독을 그린 작품을 읽는다는 자체가 고독에 대한 긍정이며, 외로움의 밑바닥에서 치고 오르는 좋은 방법인 것이다.

사춘기는 그런 고독감을 이해하기 시작하는 최초의 시기다. 여기서는 특별히 사춘기나 청년기에 읽을 만한 권장 도서를 소개한다.

| 사 춘 기 |

사춘기는 어른으로 독립해가는 과정에서 고독에 빠지기 쉬운 시기다. 많은 문학가들은 그런 사춘기 특유의 감성을 사랑해왔다. 기댈 곳 없는 사춘기에 안식처가 되어줄 작품을 만난다면 영혼을 구원받는 듯한 기분이 들 것이다.

『열아홉 살의 지도』, 나카가미 겐지

주인공은 신문 배달을 하면서 재수 학원에 다니는 19세 청년이다. 해소할 곳 없는 욕구불만으로 자신이 신문을 배달하는 집마다 X자 표시를 하고서는 "때려죽인다"는 협박 전화를 하면서 하루하루를 보내고 있다. 그의 주변에 있는 사람들은 남자든 여자든 누구 하나 희망적인 삶을 살아가는 사람이 없다. 스스로를 상처 내는 부정적인 악순환에 빠져 있는 사람끼리 얽히고설키는 별 의미 없는 스토리이지만, 사람은 누구나 외로움을 안고서 살아간다는 것을 깨닫게 된다.

『배터리』, 아사노 아쓰코

소년들의 정신적 성장이 세밀하게 그려진 우정 이야기다. 천재 야구 소년인 주인공 다쿠미에 대한 묘사가 탁월하다.

다쿠미는 가족과 거리를 두고 자신의 생각을 감추는 일이 점점 늘어간다. 다쿠미의 건방진 행동은, 자신의 세계를 가지기 위해 고군분투하는 부자유스러움과 어색함의 표현이다. 그런 딜레마가 책에 잘 그려져 있다. 꿈을 향해 매진할 때의 고독감, 가족과의 불화 등 사춘기에 딱 어울리는 행동이라고 느낄 만한 장면이 많다.

『돌의 생각』, 사카구치 안고

주인공인 소년의 아버지는 시골 정치가로, 집에 자주 있지 않아 소년과 얼굴을 마주하는 것도 한 달에 한 번 정도다. 아버지는 먹을 갈 때만 소년을 부르는데, 소년은 그것을 지긋지긋하게 생각한다. 어머니는 후처로, 말썽쟁이 소년 때문에 애를 먹고 있다.

"나는 아버지의 사랑 따윈 전혀 몰라" "나와 어머니는 서로 증오하는 관계야"라고 중얼거리는 소년은 아버지, 어머니 모두와 사이가 좋지 않아 대부분의 시간을 고독하게 보낸다. 그런 환경 속에서 소년은 모든 것을 내치게 된다. 사실 소년은 아버지와 어머니로부터 버려진 것이지만, 소년은 자신이 버려진 것이 아니라 버린 것이라고 관점을 바꾸고 있다. 여기에 나름의 유머가 있다. 이런 식으로 주인공이 나름대로 고독과 타협하는 모습을 보여주고 있어 흥미롭다.

『데미안』, 헤르만 헤세

소년기에서 청년기로, 자신의 길을 고뇌하면서 성장하는 싱클레어의 이야기다. 수수께끼 같은 데미안을 동경하는 싱클레어가 점점 홀로 서면서 자신만의 세계를 만들어가는 과정에 공감하는 사람이 많을 것이다. 과잉된 자의식이나 열등감 때문에 술에 절어 있거나 친구와의 불화로 고민

하거나 고독을 안고 본래의 자신을 되살려가는 싱클레어가 매력적으로 그려졌다.

| 청 년 기 |

요즘 사람들은 자의식이 너무 강해서 쓸데없는 고민과 생각들로 자신을 들볶기 쉽다. 그러나 그 복잡한 정신 상태를 받아들이는 유연함이 인간의 내면을 깊게 한다. 고독 때문에 뒹굴며 괴로워하는 주인공들에게 공감하거나 반면교사 삼아 읽으면 좋은 책들이다.

『인간실격』, 다자이 오사무

말하지 않아도 다 아는 고독한 남자의 고백 소설. 오직 순수함만을 갈망하던 여린 심성의 한 젊은이가 인간들의 위선과 잔인함에 의해 파멸되어가는 과정을 그린 책이다. 마지막의 "그저 모든 것은 지나갑니다"라는 구절은 너무도 쓸쓸하다.

『성』, 카프카

측량사 K는 깊은 눈에 파묻힌 어느 마을에 도착한다. K는 그 마을에 자리 잡은 성의 백작에게 고용되어 부임해왔지만, 마을 사람과의 대화는 엇나가기만 하고 그들의 무례한 태도에 농락당해 피로하고 고달프다. 성에 이르는 길은 가까워졌나 싶으면 멀어져 좀처럼 다다를 수가 없다. 공동체 시스템에 끼어들 수 없는 고독감과 소외감이 치밀하게 그려지면서 부조리한 이야기 세계가 펼쳐진다. 이런 작품을 읽으면 인생에서의 엇갈림이나 괴로움도 위로받는 기분이 든다.

『방장기』, 가모노 초메이

가모노 초메이는 헤이안 말기, 교토 시모가모 신사의 신관 가문에서 태어났다. 전도유망한 사람이었지만 늦은 나이에 출가하여 방장이라는 암자를 짓고 인간의 삶과 죽음에 관해 생각하며 생애를 마쳤다. 이 책은 내내 '삶에서 영원한 것은 아무것도 없다'는 무상관을 노래하는데, 그러한 무상관은 고독을 이해하는 데 적절한 관점이다.

『한 줌의 모래』, 이시카와 다쿠보쿠

이시카와 다쿠보쿠는 감성적인 표현의 달인이다. "일을 해도 / 일을 해도 여전히 고달픈 살림 / 물끄러미 손바닥을 보고 또 보네"와 같이 혼자 있을 때의 공허함을 읊는가 하면, "벗들이 다 나보다 훌륭하게 보이는 날엔 / 꽃을 사들고 와 아내와 즐기리라" "동쪽 바다 자그만 섬 하얀 백사장에 / 나는 눈물에 젖어 게와 벗하였노라" 등 고독감을 위로해주는 노래를 읊기도 했다. 혼자일 때 흥얼거리기만 해도 '나만 외로운 건 아니구나!'라는 생각에 위로받고, 자연스레 작가와 정서적으로 연대하게 된다.

과거에서
오늘의 답을
찾아라

책은 참 신기한 물건이다. 지금은 절대 만날 수 없는 사람들이 나에게 말을 걸어주니 재미있지 않을 수 없다.

나는 유행하는 베스트셀러보다 오래된 책을 좋아해서 고다 로한(1867~1947)이나 히구치 이치요(1872~1896), 시키테이 산바(1776~1822)를 주로 읽는다. 그러면 '아, 죽은 자들이 와서 말을 걸어주고 있구나' 하는 생각이 든다. 만나고 싶었지만 만날 수 없었던 사람이 눈앞에 있다면 돈을 내서라도 이야기를 들으려 하지 않을까. 사자의 목소리는 흥미진진하기 때문에 누구라도 관심을 갖기 마련이다. 우리는 책을 통해 시대를 초월하여 언제든 이미 세상을 떠난 사람과 대화할 수 있고 메시지를 들을 수도 있다. 이것은 기적 같은 일이다.

그중에서도 나는 미야자와 겐지로부터 고독에 대해 많은 것을 배웠다. 미야자와 겐지는 자신의 고독을 철저히 작품으로 승화시킨 인물이다.

미야자와 겐지처럼 재능이 뛰어난 사람은 사람들에게 쉬이 이해받지 못한다. 이해받지 못하면 외로워진다. 그런 겐지를 이해해준 유일한 인물인 누이에 대한 추억이 담긴 『은하철도의 밤』은 고독의 힘이 더할 나위 없이 아름답게 표현된 작품이다.

『은하철도의 밤』에서 주인공 조반니는 친구들에게 놀림을 당하기 일쑤다. 조반니의 아버지는 "해달 가죽 윗도리를 갖고 돌아오겠다"는 말을 남기고 고기잡이를 나갔다가 돌아오지 못한다. 아버지가 남긴 마지막 말을 가지고 자네리 무리는 "해달 가죽 윗도리가 왔어"라고 조반니를 조롱한다. 유일하게 자기편이라 생각했던 캄파넬라도 은하 축제의 밤에 조반니를 괴롭히는 무리들과 한패가 되어 조반니를 외롭게 하기도 하고, 영원히 함께하겠다는 맹세를 한 후에 바로 사라져버리기도 한다. 이 이야기에서 완전한 친구는 존재하지 않는다. 모두가 고독하다.

이 은하철도 여행은 사자 세계로의 여행을 상징한다. 따라서 『은하철도의 밤』을 제대로 읽은 사람이라면 마음 어딘가 쓸쓸함을 느낀다. 이 작품이 지닌 투명한 슬픔이나 고독의 아름다움이 마음에 스미는 것이다.

겐지가 고독에 관해 쓴 시 중 '한밤중의 별'이라는 시도 좋지만, 내가 특히 좋아하는 시는 '고별'이다. '고별'은 4월이면 이제 학교에 남아 있지 않을 겐지가 학생들에게 남기는 말을 쓴 시다.

그는 시에서 "너만큼의 소질과 힘을 갖고 있는 사람은 / 읍과 마을 사람이 만 명이라면 / 아마 다섯 명은 있을 것이다"라고 한다. 계속해서 "나는 자신의 재능을 묵히고 있는 녀석을 제일 싫어한다"고 말한다. "게으름을 피우면 너는 재능이라는 재산을 모두 잃게 될 것이다" 그렇게 된다면 "나는 너희를 더는 보지 않겠다"고 말한다. 매우 엄격하다. 현실에 안주하지 말고 끊임없이 노력하여 나아갈 것을 요구한다. 그런 한편에서는 다음과 같이 말한다.

다들 도회지로 떠나거나
온종일 빈둥거리며 놀 때에
너는 홀로 저 돌밭의 풀을 베어라

그 외로움으로 너는 소리를 만들어라

수많은 모욕과 궁핍

그것을 잘근잘근 씹어서 노래하라

만일 악기가 없다면

알겠니, 너는 나의 제자다

있는 힘을 다하여

하늘 가득하게

빛이 만들어준 파이프오르간을 치면 되리니

_미야자와 겐지, '고별' 중에서

소리가 둔탁해지지 않게 철저히 혼자만의 시간을 갖고 외로움을 힘으로 바꾸라고 격려한다. 그 외로움으로 소리를 만들라고 응원한다.

겐지의 시 중에 좋은 시는 무수히 많지만, 과연 '봄과 아수라'만큼 확실하게 고독을 긍정하는 시가 또 있을까.

다카무라 고타로도 스스로에게 엄격하게 살아가겠다고 맹세하는 '여정'이라는 시를 남겼다. 훌륭한 공적을 남긴 사람은 모두 명백히 고독하며, 그 고독을 혼자 이겨냈다. 하지만 위의 시에서 미야자와 겐지는 누구에게나 고독은 중요한 것이니 고독의 힘을 기르라고 외친다. 현실에 안주하여 머물러 있는다면 이제 더는 너를 보지 않겠다고 강력하게 호소한다.

모두가 잘 어우러져 있을 때 혼자 있으면 외롭다. 하지만 모든 것은 외로움을 견디는 것에서 시작되고 있음을 겐지는 우리에게 가르쳐준다.

나는 '고별'에 엄청난 영향을 받았다. 지금은 나도 졸업하는 학생들에게 이 시를 알려주고 있다. 사실 졸업이란 소속감을 상실하는 시기로, 이후에는 어디에도 머물 곳이 없다. 그런 상황에 놓인 인간의 불안감이나 외로움을 성장의 큰 에너지원으로 삼으려면 무엇보다 그때그때 독서를 해야만 한다.

요시다 겐코도 『도연초』에서 "홀로이 등불 아래 책을 펼치고 보이지 않는 세상 사람을 벗 삼으면 더 없이 위안이 된다"고 썼다. 오직 혼자서 책을 펼치고, 본 적도 없는 옛사람을 친구 삼으면 다른 무엇보다 위로가 된다.

고바야시 히데오나 괴테의 작품처럼 훌륭한 고전을 읽는 것은 한 사람 한 사람이 은하철도의 밤, 즉 사자의 세계로 떠나는 여행이다. 오래전에 세상을 떠나 만날 수 없는 선인들의 혼과도 우리는 책을 통해 만날 수 있기 때문이다.

스스로
동기부여 하는
방법

고독을 경험하는 계기는 다양하다. 이성에게 차이고 복수하겠다는 마음으로 죽어라 공부에 매달리며 고독을 맛보는 사람이 있는가 하면, 친구들에게 따돌림을 당하고 '저 녀석과는 이제 끝이야. 혼자라도 상관없어'라고 하며 뭔가에 열중하며 고독을 맛보는 사람도 있다.

그럴 때 평소 같았으면 상처받고 우울해하겠지만, 관점을 바꾸거나 상대와의 관계를 끊음으로써 자신을 다시 일으켜 세우는 사람이 있다. 극단적인 방법일지 모르겠지만 그것도 전형적인 단독자의 스타일 중 하나다.

나는 20대 때 자주 한밤에 공원에서 테니스 라켓을 휘둘

렀다. 그 무렵에는 친구도 없었고 남아도는 시간이 너무 많았다. 하지만 혼자 있는 시간은 그리 힘들지 않았다. 왜냐하면 나는 야망에 불타고 있었기 때문이다.

예전에는 야망을 갖는 것과 어둠은 세트였다. 내가 청춘을 보냈던 70년대, 80년대는 시대가 전반적으로 지금보다 훨씬 어두웠고, 많은 청년들이 그것이 꿈이든 가치든 원하는 것을 이루기 위해 야망을 키웠다.

그때와 비교하면 요즘에는 야망이 매우 희박해졌다. 또 시대의 분위기는 비교가 안 될 만큼 밝다. 한때 일본 IT 벤처 업계의 젊은 신화였지만, 온갖 부정행위로 단숨에 몰락한 인터넷 벤처 기업 라이브도어의 호리에 다카후미 사장을 보면서 오랜만에 야망이라는 말을 떠올린 사람도 많았을 것이다. 시간이 흘러 이제는 야망과 어둠이 세트가 되지 않아도 되는 시대이지만, 나는 '야망'과 '단독자가 되는 것'은 떼려야 뗄 수 없다고 생각한다.

사카구치 안고는 젊은 시절, 아쿠다가와 류노스케의 조카 구즈마키 요시토시와 동인지를 만들어 함께 편집을 했었다. 그 모습은 「어두운 청춘」(『바람과 빛과 스물의 나와』에 수록)에 상세히 묘사되어 있다. 안고와 구즈마키는 아쿠타가와의 집을 편집실로 사용하며 자주 밤샘 작업을 했다. 그러나 한방에서 둘이 사이좋게 편집 작업을 하고 있다는 묘사는 거의 없다. 오히려 종종 언쟁을 벌이며, 안고는 부지런히 동인지를 위해 번역하고 구즈마키는 엄청난 속도로 소설을 썼다고 한다.

둘은 고독의 바다를 자유로이 헤엄치고 있었다. 어쩌면 경쟁의식이 있었는지도 모른다. 그 둘의 우정은 에너지가 넘쳤고 야망도 있었다. 안고는 그 순간을 "나만 어두웠던 게 아니라 친구들도 어두웠을 거라 생각한다. 하지만 차마 다 발산할 수 없을 정도의 정열과 희망과 활력이 있었다"라고 기억한다. 서로가 왜 좋은지 잘 몰랐지만 어떻게든 함께 있으려 했다. 그들은 고독의 공감대로 이어져 있었다.

나는 야망 때문에 완전히 지쳐 있었다.

그 야망은 그냥 유명해지고 싶다는 것이었다. 하지만 나는 그냥 유명해지고 싶어 안달만 났을 뿐 무엇을 써야만 하는지, 쓰지 않으면 안 되는지 몰랐다. 내 가슴을 열어젖혀서라도 다른 사람에게 이야기하지 않으면 안 될 말을 갖고 있지 않았다. 야망에 상응하는 맹목적인 자신감이 있었기 때문에 이야기가 없다는 것은 나를 끝없이 추락하게 만들었다.

그 실망감은 내게 항상 '도망치고 싶은 마음'이 들게 한다.

나는 낙오자를 동경했던 것이다.

_사카구치 안고, 「어두운 청춘」 중에서

만일 연애가 좋은 것이라고 배우지 않았다면 남녀가 연애 감정 없이 결혼한다고 해도 별로 이상하게 생각하지 않을 것이다. 연애에 대한 빛나는 이미지가 연애에 대한 동경을 불러일으키는 것이다. 마찬가지로 청춘에 대한 동경도 어떤 이미지 때문에 생기는 것이다.

청춘 특유의 갈 곳 없는 답답함, 야망으로 가득한 어둠, 괴로움에 대한 이미지를 접했을 수도 있고, 글이나 매체를 통해 연애나 청춘이 주는 고독을 알게 됐기에 동경하게 된 것일 수도 있다.

예전에는 원복(元服, 성인의 표시로서 머리 모양과 옷을 바꾸고 머리에 관을 쓰는 일)이라 하여 단번에 아이에서 어른이 되는 전통이 있었다. 그때는 좌충우돌 사춘기 따위는 겪지 않았기 때문에 별 고민 없이 어른이 될 수 있었다. 우리는 보고 들은 것을 통해 사춘기가 고민이 깊은 시기라는 것을 알고 있지만, 사실 누구라도 고민 없이 사춘기를 보내고 싶어 할 것이다.

그런 의미에서 혼자 있는 시간을 기회로 바꾼 좋은 모델이 있으면 도움이 된다. 혼자 있는 시간에 무엇을 해야 할지 잘 알고 있다면 의미 있는 시간을 보낼 수 있지만, 어떻게 지내야 할지 모른 채 혼자 있게 된다면 의미 없는 시간만 보낼 수도 있다. 그래서 좋은 모델에게 배우는 것이 중요하다. 예를 들어 사카구치 안고를 모델로 떠올려보자. 그를 생각하면 '소설을 써보자' '내키는 대로 행동해보자' 같은 다양한 이미지가 떠오를 것이다. 우리는 그가 했던 행동을 통해 무엇을 해야 할지 배울 수 있다.

특히 일본인은 기본적으로 단독자가 되는 것이 서툴다. 아니, 아마 동양인이라면 비슷할 것이다. 그래서 동양적 기질을 극복하고 단독자가 되려면 더욱 자신이 목표로 해야 할 롤 모델을 찾아야 한다. 그들이 앞길을 인도해줄 것이다.

혼자 있을 때,
볼 수 없던 것을
본다

나카하라 주야는 대표적으로 고독한 이미지를 갖고 있는 스타 작가다. 그는 고독을 긍정적으로 그린 진정한 시인이었다.

그의 시 중에 '철없는 노래'라는 시가 있다. "생각하니 멀리도 왔구나"로 시작하는 이 시에는 주야의 고독이 잘 나타나 있다.

이젠 아내와 자식이 기다리다니
생각하니 멀리도 왔구나
앞으로 한참 더

살아야겠지만

살아야겠지만
멀리 지나온 날들과 밤이
이렇게 사무치게 그립다니
왠지 자신이 없어지는구나

_나카하라 주야, '철없는 노래' 중에서

그의 시 '담천(曇天)'도 고독의 이미지를 표현한다. 펄럭이는 검은 깃발에서 스스로도 감당하기 힘든 고독을 느꼈다.

어느 아침 나는 허공 속에
검은 깃발이 펄럭이는 것을 보았다
펄럭펄럭 그것은 펄럭이고 있지만
소리는 들리지 않고 높이 흔들린다

손을 당겨 내리려 했지만
망이 없어 그것도 뜻대로 되지 않고

깃발은 펄럭펄럭 펄럭이기만
허공 깊숙이 춤추며 들어가는 것 같다

_나카하라 주야, '담천' 중에서

'달밤의 해변'이라는 시는 달밤에 파도치는 바다에서 단추를 줍는 장면으로 시작한다.

그것을 주워서 어딘가에 쓰려고
생각했던 것은 아니나
달을 향한 그것을 내버려두지 못하고
파도를 향한 그것을 내버려두지 못하고
나는 그것을 소맷자락에 넣었다

달 밝은 밤에 주운 단추는
어째서 버려지게 되었나

_나카하라 주야, '달밤의 해변' 중에서

이 시는 타인과의 추억을 그리는 시가 아니다. 시의 화자는 보잘것없는 단추를 버리려고 하는데 버릴 수가 없다. 버려진 단추의 자신을 투영했기 때문이다. 주야는 달밤을 걸으며 단추를 줍는 화자를 통해 불안감과 쓸쓸함을 잘 표현하고 있다.

이시카와 다쿠보쿠나 하기와라 사쿠로다도 고독에 대해 이야기하지만 주야와는 감성이 상당히 다르다. 또 다카무라 고타로의 시는 시인의 감성보다는 이성이 앞서 있다는 인상을 준다. 미야자와 겐지는 주야와 같은 소통 불능 스타일도 아니었고 아이들에게도 사랑받았지만 고독감은 더욱 깊었다.

세계 어디에서나 시인이라고 하면 동경의 대상이 되지만, 일본에서는 시를 쓰는 것만으로 생계를 유지하기 어렵다. 프랑스에서는 잘나가든 그렇지 않든 시인이라는 이유로 존경받지만 일본에서는 그저 멀찍이서 흠칫 쳐다볼 뿐이다. 그런 시선도 주야에게는 무척 힘들었을 것이다.

주야는 자기만의 세계가 분명했기 때문에 그의 시를 이해해주는 사람이 있었다고 해도 완벽한 공감은 불가능했을지 모른다. 그렇기에 자신의 세계를 진정으로 이해받지 못하는 고독감도 상당했을 것이다.

주야의 고독을 조금이나마 이해했던 사람은 고바야시 히

데오뿐이었다. 고바야시는 『생각하는 힌트4』 중 '나카하라 주야의 추억'에서 "세상을 살아간다는 것, 나의 참모습을 숨기고 남들의 눈을 의식하며 살아간다는 것은 일종의 자기 은폐술에 지나지 않았지만, 그에게는 자신의 비밀을 사람들에게 이해받고 싶은 욕구가 가장 강했다"라고 썼다. 고바야시는 주야의 감수성이 지나치게 예민해서 남의 기분을 앞서 이해하는 바람에 오히려 자신을 상처 내고 있다는 사실을 알고 있었다. 그리고 그 아픔을 언어로 승화시키는 것에 대해 경의를 표한다. 그러나 후에 고바야시가 주야의 연인 하세가와 야스코를 주야에게서 빼앗는 사건도 일어난다.

그런 복잡한 관계를 거쳐 주야가 세상을 떴을 때, 고바야시는 이런 글을 썼다.

얼마 전 나카하라 주야가 세상을 떴다. 요절했지만 그는 일류 서정 시인이었다. 한 손에 사전을 들고 서양 시집의 영향을 받은 시인의 얼굴을 한 멍청이들로부터 온갖 말들을 들으면서도 일본인다운 훌륭한 시를 많이 썼다. (…) 시대병이나 정치병 환자가 가득한 세상에서 고독병을 앓다가 죽으려면 어느 정도 서정의 깊이가 필요했을까.

_고바야시 히데오, '나카하라 주야' 중에서

　자신의 재능을 인정받지 못하는 고독감, 우등생이었던 그가 아버지의 기대에 부응하지 못하고 시인이 된 죄책감, 시인으로서 사회적인 성공을 얻지 못한 것에 대한 초조함…… 그는 그것들을 단번에 불식시키기 위해 더욱 절실히 세계적인 명성을 얻고 싶어 했을 것이다. '랭보 같은 시인이 되고 싶다'는 그의 고백에서 그런 마음을 엿볼 수 있다. 하지만 유감스럽게도 그의 바람은 죽은 후에야 이루어졌다.

　단순히 마음이 강하고 약한 것과 별개로 주야는 의지적으로 강해지지 않으려고 했다. "믿는 길을 갈 뿐이다" "나는 곤경에도 맞서간다"는 결의는 강하고 훌륭했지만, 주야는 강해짐으로써 마음의 촉이 둔해지는 것을 가장 두려워했다.

　그는 가정을 이루고도 고독감을 떨치지 못했다. 그것은 일반적인 사람들이 경험하는 수준을 넘어선 것이었다. 보통 사람이 한순간 느끼는 고독을 주야는 평생 동안 느꼈다.

　아무튼 그는 시인적인 운명을 받아들이고 있었다.

　'양의 노래'라는 시에서 주야는 고독함과 외로움에 견딜 준비는 되어 있다고 썼다(고대 그리스인들이 산양을 제물로 바쳤다는 의미에서 비극을 '양의 노래'라고 한다).

죽을 때에는 내가 하늘을 우러르기를!
이 작은 턱이, 작은데 더 작아지기를!
그렇다, 나는 내가 느끼지 못했던 것 때문에
벌을 받아, 죽음이 찾아왔으리라 생각하고 있나니
아아, 그때 내가 하늘을 우러르기를!
하다못해 그때는, 나도 모든 것을 느끼는 자이기를!

_나카하라 주야, '양의 노래' 중에서

나 역시 그러한 죽음을 꿈꾸고 있었기 때문에 이 시에 큰 감동을 받았다. 주야는 연애 시도 좋지만 고독의 시도 멋지다.

그는 사후에 일본의 랭보라 불렸다. 랭보도 주야도 지나치게 섬세했다. 그 때문에 세상에 상처받을 수밖에 없었다. 그런 사람의 마음을 들여다보면 고독속에서 살아가는 법을 배울 수 있다.

주야는 뛰어난 시인이었기에 현상을 말하지 않는다. 이미지로 말한다. 그 점이 그를 대단한 시인으로 만들었다.

세상을 들여다보고 싶다면 나카하라 주야가 최고의 텍스트가 되어줄 것이다.

**비약적인
성장을 위한
조건**

하야시 다다오는 내가 고독의 모델로 삼고 있는 인물 중 하나다. 하야시는 제3고등학교, 즉 현재의 교토대학 재학 중에 학도병으로 징집당해 학업을 잇지 못하고 전사했다. 전쟁은, 그가 총격으로 사망하고 19일이 지난 후에 끝이 났다. 하야시는 전쟁 중에도 지적 호기심과 긍지를 잃지 않고 자신을 바라보며 섬세한 일기와 단상적인 시, 논문 등을 남겼다.

그것들을 모은 책 『나의 생명 밝은 달빛에 불타오르고』는 내 청춘의 바이블이다. 18세쯤이었을까. 나는 이 책에서 처음 '침잠(沈潛)'이라는 단어를 만났다.

5월 15일

얄팍한 우정에 얽매이는 일은 관두고 고독에 침잠하자. 경박한 헛치레를 피하고 근본적인 실태의 창조에 힘쓰자. 혼자는 외롭다. 그러나 누구와도 교제하지 않겠다. 홀로 서서 두문불출하자. 다만 S선생에게만은 지도를 받고 싶다. 그리고 K씨에게도 받고 싶다. 그 외의 사람들과 만나는 것은 현재로서는 무의미하다. 철저히 혼자가 되자. 그러한 철저함으로 보편적인 '어떤 것'을 파악해가고 싶다.

12월 5일

스스로를 낮추는 것이 우정은 아니다. 우정은 서로를 성장시켜야 한다. 성장은 모든 것의 근본이다. 저속하고 지루한 친구보다는 충실한 고독이 낫다.
현재 나의 고독을 확실히 음미하여 거기에 침잠하자. 이것은 깊은 의미를 지닌 고독이다. 혼자 있는 것, 이것이야말로 생의 근원이다.

_하야시 다다오, 『나의 생명 밝은 달빛에 불타오르고』 중에서

이와 같이 그는 고고하게 살아가고 싶다는 열정과 고독

의 한탄을 엮고 있었다.

나는 '침잠'이라는 말을 좋아한다. 물속 깊숙이 잠기면 무음의 세계를 떠도는 듯한 고요함에 휘감긴다. 그런 고요함 속에서 혼자 무언가에 몰두했다고 하자. 그렇게 만들어진 것은 영원히 사라지지 않는다. 물 위에 떠오른 뒤에도 자기 안에 존재한다.

요즘에는 '침잠'이라는 단어를 별로 사용하지 않지만 예전에는 중요한 말이었다. 친구들과의 대화 중에도 종종 사용하곤 했다. 고요하게 침잠해 있는 친구는 티가 난다. '지금은 침잠 중이라 함께할 수가 없어'라고 쓰인 친구의 얼굴을 보면 '그래, 침잠 중이구나. 떠오를 때까지 기다려줄게' 하고 잠시 내버려뒀다. 우리들 사이에는 그런 암묵적인 규칙이 있었다.

지금은 혼자 생각에 잠겨 있으면 '음흉한 녀석'이라고 비난당하기 일쑤다. 누구와 언제든 대화할 수 있다는 얼굴을 해야 한다. 물론 잠깐 잠겼다가 떠오르는 잔물결 같은 침잠을 반복하는 것은 별로 도움이 되지 않는다. 실력을 비약적으로 늘리려면 3개월이나 6개월 정도 몰아서 침잠해야 한다. 그동안 무엇을 할지 정한 다음 단번에 하면 좋다.

예를 들어 '이번 3개월 동안에는 고전만 읽자' '1년에 영화를 200편 정도 보자' '달리는 습관을 들이자' '재즈나 클래식 음악의 세계에 푹 빠져보자'…… 이렇게 정한 일에 집중한다. 그러면 눈에 띄는 성장을 하게 될 것이다.

  이때 노트를 활용하면 효과적이다. 노트에 달성하고 싶은 목표를 하나씩 적어가면 목표를 이루기 위해 몰두하고 싶은 기분이 커진다. 하나를 달성하면 또 하나를 더 쓴다. 앞서 소개한 하야시 다다오도 종종 '독서 계획'이나 공부, 건강관리에 관한 목표를 쓰곤 했다.

능력보다 중요한
자기 기대감

하야시 다다오의 『나의 생명 밝은 달빛에 불타오르고』는 나를 완전히 흔들어놓았다. "누구든 훌륭한 스승을 얻고 싶다" "차분히 앉아서" "아름다운 자기 형성의 의식, 그것을 목표로 매진하자" 등의 페이지를 펼칠 때마다 구절구절에 공감하면서 단숨에 글에 빠져들었다.

나를 사로잡은 것은 하야시의 마음이었다. 하야시는 자기에게 거는 기대가 컸다. 그는 구제 고교생(구제 고등학교는 1894~1950년까지 있었던 일본 교육 기관으로, 교육 내용은 오늘날 대학 교육에 상당했다)이었으니 누가 봐도 어엿한 엘리트였다. 하지만 엘리트였기 때문에 자신에게 기대했던 것은 아니었다. 그는 날마다 노력하면서 성장할 자신의 모습을 확신하고 있었다.

말이 쉽지, 스스로에게 기대하기란 쉬운 일이 아니다. 재능 있는 사람일수록 자부심이 클 거라고 생각하겠지만 실제로 스스로에게 기대하는 생각, 즉 자기력(自期力)은 재능과 무관하다. 하지만 재능이 좀 부족하더라도 높은 자기력을 갖고 있다면 그것이 성장의 동력이 되어주기 때문에 결과적으로 성공할 가능성이 크다.

하야시의 글에서 "평범한 사람을 증오한다"는 문장을 발견했을 때 '이 사람은 어딘가 비뚤어진 사람이구나. 친구도 없을 거야'라고 동정했지만, 동시에 나 자신과 너무나 닮아 있어 거울을 보는 기분이었다. 물론 이런 생각은 오만한 생각일 수도 있다. 하지만 젊은 시절, 그 정도의 오만함은 가져도 되지 않을까. 자기 존재에 대한 강한 자신과 그로 인한 오만함에 의해 스스로에 대한 강한 믿음이 생겨날 수도 있으니 말이다.

젊은 시절 가눌 길 없는 고독을 버티게 해줄 힘은 자신에 대한 기대밖에 없다. 나는 자기에 대한 기대를 뜻하는 '자기력'이라는 말을 학창 시절 내내 가슴에 새겼다.

6월 7일

우리는 살아가기 위해 자신을 보다 뛰어난 사람으로 단련해 가야만 한다. (…) 나의 염원은 고독하고 외로울지라도 진실로 의의와 가치 있는 길로 정진하여, 그 길로 가기 위해 이 한 몸을 철저히 버리는 것이다.

_하야시 다다오, 『나의 생명 밝은 달빛에 불타오르고』 중에서

카운터컬처(지배 문화에 대항하는 하위문화)가 유행하던 무렵에는 '이제 곧 죽을 텐데 성실하게 일해봤자 소용 없다'는 생각이 널리 퍼져 있었다. 하지만 하야시는 죽음이 가까이 있었음에도 정결한 마음을 가지려고 노력했기에 오늘날 더욱 인정받는다.

나는 하야시가 일기에 남긴 엘리트적인 모습에 나를 동일시하며 청춘을 보냈다. 나는 젊어서부터 '우리가 보냈던 것이 진짜 청춘'이라는 주장을 멈추지 않는 세대들에게 넌더리가 나 있었다. 카운터컬처적 사회 분위기나 말로만 체제에 대한 저항을 내세우는 베이비붐 세대, 청춘을 찬양하는 그들의 문화에 대한 혐오감은 지금도 여전하다.

어쨌든 하야시의 일기는 그가 고독을 받아들이고 있었음을 알려준다. 하지만 그는 고독만큼 우정에 대한 동경도 강

렬하게 갖고 있던 사람이었다.

진정한 우정이란 나의 정열이 타오르는 것을 의미한다. 그래서 나는 그것을 기다리며, 전혀 모르는 사람처럼 지내왔다. (…) 평범한 친구가 될 수 없는 내가 잘못된 것일까 하는 생각도 했다. (…) 고독한 나의 근성을 애달프게 생각한다.
_하야시 다다오, 『나의 생명 밝은 달빛에 불타오르고』 중에서

둘도 없는 우정을 찾아 그는 끊임없이 발버둥쳤다. 그만큼의 우정을 원했기에 자신을 단련하는 고삐도 늦추지 않았다.

나도 그처럼 평범한 사람을 증오한다. 자기 자신에게 아무런 기대를 하지 않고 아무런 노력도 하지 않는 사람을 증오한다. 그렇기 때문에 나는 더욱 혼자 있는 시간의 힘에 대해 말하고 싶다.

5

누구에게도 휘둘리지 않는 내가 되기 위하여

한계를 알아야 가능성도 알 수 있다

1980년 이후 어떻게든 '고독'에 더 이상 관심을 두지 않으려는 흐름이 강해졌다. 특히 소비문화가 확산되면서, 남들이 다 갖는 브랜드 제품을 갖지 않으면 뒤처지거나 소외되는 경향이 생겼고 사람들은 그런 소외감을 점점 견딜 수 없게 되었다. 그러면서 나의 욕망이 무엇인지도 모른 채 나 아닌 다른 사람의 욕망을 욕망하게 되었고, 각자가 감당해야 할 고독은 모른 척하게 되었다. '나는 누구인가?'와 같은 자기 성찰도 회피하게 되었다.

"원하는 것을 사도 마음이 허전하다"는 말은 소비가 내면을 채워줄 수 없다는 것을 말한다. 그리고 당장의 소비에 관심을 집중하면서 직면해야 할 고독감이나 외로움을 지나치게 되면 결국엔 허무함을 느낀다.

사람들은 점점 혼자 있기를 두려워한다. 어떤 일이든 혼자서 잘 극복할 수 있다는 자신감도 잃어간다. 이런 두려움을 극복하려면 주위의 불필요한 관심사들을 하나하나 가지치기해나가야 한다.

중요한 것은 자신이 한계가 있는 존재임을 알게 되는 것이다. 그때 깨달음이 열린다. 이것은 선의 사고방식과 매우 닮아 있다.

선은 가마쿠라시대에 완성된 이래, 일본의 문화 형성에 지대한 영향을 미쳐왔다. 일본에는 나라의 불교문화, 헤이안의 귀족문화, 에도의 서민문화와 같이 선 이외에도 영향을 준 문화가 많지만 노(能)든 화도(華道, 일본식 전통 꽃꽂이)든 다도(茶道)든 현재까지 맥을 이어온 일본 문화의 기저에는 모두 '선'이 갖는 고요한 집중력이 흐르고 있다.

노의 무대를 떠올려보면 알 수 있듯이 배우는 춤을 출 때 항상 혼자다. 무대 위에서 항상 고독하다. 하지만 혼자 춤출 때 뿜어져 나오는 에너지가 워낙 강렬하기 때문에 관객들은 압도되고 만다.

또 좋은 화도 작품에는 늠름한 풍정(風情)이 있다. 꽃은 고독하게, 자신의 세계를 갖고 힘 있게 우뚝 서 있다. 그래서 꽃을 통해 살아 있는 인간의 강한 정신을 느낄 수 있다.

한 유파의 분에게 들은 바로는, 다도는 도요토미 히데요시 시대에 센노 리큐가 완성시켰는데 그 과정에서 리큐는 히데요시로 인해 죽음에 내몰렸다. 하지만 그는 죽음을 외면하지 않고 의연하게 받아들였다. 그렇기 때문에 그 정신이 다도의 기본 정신이 될 수 있었다.

전통적인 일본 문화는 겉으로 보기에는 고요하게 보여도 그 밑바탕에는 은근한 긴장감이 흐른다. 다도를 떠올려보자. 다도는 그냥 차를 즐기는 시간과 다르다. 지금 이 순간이 일생에 오직 한 번밖에 오지 않을 만남일지도 모른다고 생각하기 때문에 함께하는 사람들을 더욱 온화하게 배려하고 환대한다. 그것을 의식하는 사람들과 의식하지 않는 사람들의 모임은 다를 수밖에 없다. 그런 모임에는 절도가 있고 좋은 긴장감이 흐른다.

그러한 일본 문화의 전통적인 정신은 하이데거가 『존재와 시간』에서 말한 메시지와도 일맥상통한다.

하이데거는 "죽음을 외면하고 있는 동안에는 자신의 존재에 마음을 쓸 수 없다. 죽음이라는 것을 자각할 수 있느냐 없느냐가 자신의 가능성을 바라보고 살아가는 삶의 방식에 영향을 준다"고 주장했다.

인간은 죽음을 피할 수 없고, 죽음이 언제 다가올지 알 수 없다. 하지만 라틴어 '메멘토모리(죽음을 기억하라)'라는 말처럼 나도 언젠가 죽을 존재라는 것을 인식하면 우리가 제한된 시간 속에서 살아가는 존재이며, 삶은 한정된 시간 속에서 벌어지는 진검승부의 장이라는 것을 의식할 수 있다. 자신이라는 존재에 대해 더욱 깊이 생각하게 되는 것이다. 그렇게 되면 '현재'의 의미를 새롭게 받아들이고 지금을 충실하게 살아나갈 수 있다(나중에 하이데거는 이 생각을 바꾸지만 나는 이때의 주장에 큰 용기를 얻었다).

인간뿐 아니라 다른 동물들도 맛있는 것을 먹고 싶어 하고 좋은 것을 갖고 싶어 한다. 그러나 인간만이 자신이 이 세상에 존재한다는 사실과 존재하는 의의를 깨달을 수 있다. 이러한 인간만의 특성은 큰 쾌락의 원천이 되기도 한다. 동물에게는 없는 쾌락, 즉 평안함을 추구하게 되고 이것이 나중에 선으로 발전한 것이다.

실제로 뇌파를 살펴봐도 선이 뇌의 상태를 평온하게 만든다는 것을 확인할 수 있다. 모든 잡념이나 욕망이 없어지고, 세로토닌 신경을 활성화하여 기분을 안정시킨다. 또한 천연 마약이라고 불리는 도파민을 생성하여 의욕을 불러일으킨다.

하지만 선과 하이데거의 메시지에도 다른 점은 있다. 먼저 선은 죽음을 끝이라고 인식하지 않는다. 선의 세계에서는 죽음을 두려워하거나 피하지 않으면서 '어차피 죽을 인생, 마음대로 살자'며 삶을 내팽개치지도 않는다. 선에서 죽음은 언제 어느 때 일어나도 괜찮은, 삶의 연장선상에 존재하는 것이다. 선의 깊이는 삶과 죽음을 함께 인식하는 것에서 생겨난다.

평소 죽음에 관해 너무 깊이 생각하면 지나치게 심각해져서 가까운 사람들과 차를 마시며 이야기 나누는 작고 평범한 일상을 즐기기 어려워진다. 그러나 선에서는 죽음을 평온하게 받아들이기 때문에 차를 마시고 이야기를 나누면서 한때를 풍요롭게 보내는 것 자체가 정신 수행이 된다.

명상도 선 수행의 일종으로, 자신의 동작 하나하나에 의식을 집중하여 호흡하는 것까지 놓치지 않는 초각성 상태를 만든다. 명상을 멍하니 조는 시간으로 생각한다면 큰 착각이다. 다도도 다른 사람이 무슨 행동을 할지 잘 살펴보면서 상황에 맞게 유연하게 움직이는 것을 중요하게 생각한다. 그렇게 하나하나에 집중하고 배려하려면 긴장의 끈도 놓을 수 없다.

깨달음을 얻으면 욕심을 버릴 수 있고, 죽음을 두려워하지 않을 수도 있다. 료칸 스님은 "죽을 때에는 죽는 것이 좋소이다"라는 말을 남겼다. 즉, 죽음도 자연의 법칙에 맡기겠다는 의미로 최상의 깨달음을 얻은 것이다.

료칸 스님은 아이들을 무척 좋아해서 자주 아이들과 어울렸다. 한편으로는 초가집에서 책을 읽거나 시가를 즐기며 대부분의 시간을 고독하게 보냈다. 혼자만의 세계와 타인과 함께하는 세계, 양쪽 다 갖는 것으로 삶의 균형을 취했다. 이 또한 깊이의 척도가 된다.

또 그는 죽기 전에 40세 연하의 데이신니라는 여인과 서로 존중하고 경애하는 연애를 했다(일본의 일부 불교 종파에서는 스님의 연애와 결혼을 허가한다). 고독을 알고 있는 그였기에 죽음을 앞두고도 눈부신 연애를 할 수 있지 않았을까.

풍부해진 감정을 이용하라

사랑과 고독은 잘 어울리지 않을 것 같은 감성이지만, 사실 그렇지 않다. 사람은 사랑할 때 가장 외롭고 고독하다. 특히 사랑하는 사람의 마음이 멀어질 때 느끼는 감정은, 혼자 있을 때 느끼는 감정보다 더 강렬하다.

사랑하는 사람과 함께 있지만 고독할 때는 모든 것에 의미 부여를 하게 된다. 그래서 깨닫는 것이 많다. 예전에는 눈에 들어오지 않던 꽃의 아름다움에 눈을 뜨거나, 이름 모를 멜로디에 마음이 흔들린다. 사랑의 고독을 알기에 사랑의 덧없음, 주어진 것의 아름다움을 더욱 잘 알게 된다. 사랑이 주는 고독이 풍부한 감성을 남기는 것이다.

연애가 잘 풀릴 때는 항상 즐겁다. 한창 감정이 무르익었을 때는 모든 것이 빛나 보인다. 동물들도 암컷과 수컷끼리 사이좋게 지낸다. 하지만 한 쌍 중 어느 한쪽이 죽었을 때 혼자 남겨졌다고 슬퍼하는 동물은 없다. 즉, 슬픔에 빠진다는 자체가 애초에 인간만이 가질 수 있는, 인간적인 감정인 것이다.

프랑스 작가 루이 페르디낭 셀린은 의사이면서 작가로 활동했는데, 세밀한 묘사가 돋보이는 반 자전적 소설 『밤 끝으로의 여행』에서 사랑을 잃었을 때의 고독에 대해 다음과 같이 쓰고 있다. 인용한 부분은 주인공 페르디낭이 미국에서 모국인 프랑스로 돌아갈 결심을 한 후 창부 모리와 헤어지는 장면이다. 페르디낭에게 모리는 "그녀와 헤어진다는 것은 뻔뻔하고 냉혹한 어리석음 없이는 불가능한 일이다"라고 말할 정도로 사랑하던 애인이었다. 그러나 페르디낭은 미래가 없는 사랑을 끝내기 위해 그녀에게 헤어짐을 고한다.

"긴 이별이여, 페르디낭. 정말로 후회하지 않겠어요? 중요한 거예요! 이것만은 잘 생각해보고……."
열차가 역으로 들어왔다. 기관차를 본 순간 나는 더 이상 내

모험에 자신이 없어졌다. 나는 앙상한 몸만큼의 용기를 휘두르며 모리에게 입맞춤했다. 이번만은 고통을, 진정한 고통을 느낀 모두에 대하여, 나 자신에 대하여, 그녀에 대하여, 모든 인간에 대하여.

우리가 일생을 통하여 찾는 것은 아마 이것일 거다. 오직 이것뿐일 거다. 살아 있음을 실감하기 위해 맛보는 살을 에는 듯한 슬픔.

_루이 페르디낭 셀린, 『밤 끝으로의 여행』 중에서

"살아 있음을 실감하기 위해 맛보는 살을 에는 듯한 슬픔"이라는 페르디낭의 말을 인용하지 않더라도 우리는 힘든 순간에 주어지는 감정을 '특별한 선물'로 받아들여야 한다.

시도 한창 괴로울 때 탄생한다. 사랑을 잃었을 때는 신기할 정도로 감정이 풍부해진다. 인간적인 감정이 끝없이 표출된다. 그래서 역사적으로도 이별의 슬픔이나 아픔이 주는 풍요로운 감정을 인정하고, 그를 위로하기 위해 많은 노래들이 불려졌다. 그렇게 많은 노래 중에 샹송이나 엔카 같이 이별의 슬픔에 대한 이야기를 압도적으로 많이 하는 장르가 있다는 것도 신기한 일이다.

실연이 주는 상실감은 빨리 떨쳐낸다고 좋은 것이 아니

다. 괴롭겠지만 그때가 아니고서는 느낄 수 없는 다양한 감정들을 철저하게 느끼고 이별의 이유에 대해 곱씹어보아야 한다. 그러고는 애도의 시간을 충분히 가지는 게 좋다. <u>그런 시간을 보내야 성숙해진다. 시간이 지나면 어쩔 수 없이 사람의 마음도 변한다는 것을 인정하고 받아들이는 것만으로도 내면에 깊이가 생긴다.</u>

하지만 1990년대부터 애절한 이별에 대한 노래가 줄었다. 아마도 사람들은 점점 깊이 사랑하는 것을 두려워하거나 사랑 후에 오는 괴로운 시간들에 별다른 의미를 부여하지 않는 것 같다.

예전에는 헤어진 후에 바로 누군가를 만난다는 것을 상상하기 어려웠지만 지금은 헤어지고 바로 다시 사랑에 빠진다. 내가 청춘일 때는 사랑과 이별 그리고 다시 치유하기까지 걸리는 시간이 지금보다 훨씬 길었다. 실연의 아픔을 충분히 느낀 후에 천천히 회복하고 치유하는 것이 일반적인 분위기였다.

물론 상처가 아무는 시간은 괴로웠지만 어떤 면에서는 풍요롭고 행복한 시간이었다. 사랑의 고독을 맛볼 수 있는 시간, 그때 많은 음악과 시를 만났고, 글과 그림을 만났다. 모든 것이 내 이야기인 것처럼 가슴에 들어왔다.

일반적으로 여자에 비해 남자들이 사랑에 관한 감정이 부족하다고 하지만, 나는 의외로 사랑이 남긴 고독감은 남자가 더 잘 알고 있다고 생각한다.

헤어진 후에 남녀가 갖는 미련에는 차이가 있다. 여자는 한번 헤어지면 미련 없이 돌아서지만 남자는 헤어진 후에도 미련이 남아 감정을 한 번에 정리하지 못한다. 마음에 내내 남는다. 나도 젊은 시절에는 그 시간 동안 감정적으로 얻는 게 많아 일부러 즐기기도 했다. 실제로 상처가 깨끗이 치유되면 더 이상 지나간 기억을 떠올리며 풍부한 감성을 누릴 일이 없기 때문이다.

어쨌든 비교적 남자들이 이별 후에 오는 고독을 훨씬 견디기 어려워한다. 혼자 남겨진 것을 견디지 못하는 사람일수록 스토커처럼 상대에게 집착하며 이별을 받아들이지 못한다. 상대를 사랑해서 헤어지지 못하는 것이 아니라, 혼자가 되기 싫어 쫓아다닐 뿐이다.

스토커에게는 자신의 흔적을 남기고 싶다거나 상대의 관심을 받고 싶어 하는 심리가 있다. 계속 쫓아다니면 다시 받아줄 거라고 생각하고 상대가 싫어하는 것도 관심의 표현으로 여긴다. 그러니 상대가 어떤 식으로든 반응하면 만족해한다. 그래서 사랑받지 못할 바에는 미움이라도 받고 싶어 한다.

  사랑을 할 때는 에너지가 필요하다. 상대방에 대한 엄청난 노력과 시간이 필요하다. 하지만 집착할 경우에는 상대방에 대한 배려 없이 행동하기 때문에 사실상 '사랑'에 에너지를 사용하지는 않는다. 그저 자신의 욕구를 위해 에너지를 쏟는다. 하지만 집착은 상처받을 용기조차 없기 때문에 하게 된다는 것을 인정해야 한다. 사랑 후에 오는 고독을 견딜 수 없는 사람은 진정으로 누군가를 사랑하기 어렵다.

  두려워도 사랑의 고독을 견뎌라. 그렇지 않으면 사랑이 주는 의미 있는 순간들을 충분히 누릴 수 없다.

  나는 일을 중요하게 생각하지만 인생의 의미를 깨닫기 위해서는 감정의 세계가 훨씬 중요하다고 생각한다. 감정의 세계가 있어야 비로소 삶이 성립된다. 단순히 일하고 '생산'에만 몰두하는 것은 인생의 본질이 아니다.

  잃어야 알게 되는 사랑의 무게. 사랑이 끝났을 때 우리는 나에 대해 더 잘 알 수 있고, 세계를 풍부한 감성으로 접할 수 있다. 그때 세계가 급격히 넓어진다. 미묘한 내면의 변화들을 알아볼 수 있게 된다.

  성장의 기회가 되는 이 시간을 충분히 누리기 위해서는 일정 기간 새로운 만남을 갖지 않는 것도 방법이다. 마음이 정리되기 전에 다른 이성을 만날 경우, 같은 문제를 반복하기도 한다. 헤어진 원인과 자신의 반응 등 한 번의 사랑을 통해 알게 된 나의 문제를 반추하고 해결하지 않으면 몇 번의 사랑이 와도 비슷한 경험을 하게 될 뿐이다.

친구가 돌아서거나 배신당했을 때는 일을 하는 것도 좋다. 하지만 사랑하는 사람이 돌아섰을 때에는 감정의 세계에 푹 빠져라. 그때 우리는 성장할 수 있다.

이해해야
이해받는다

사랑 때문에 외로워질 때는 다양한 문화 예술을 접하는 것도 좋다. 그때 영화를 보면 더욱 절실하게 공감된다. 특별한 명작이 아니어도 실연당했을 때 본 영화, 이성과 헤어졌을 때 본 영화는 두고두고 기억에 남는다. 아무 일도 없을 때 영화를 볼 때는 스토리 정도가 기억에 남겠지만, 사랑의 고독에 빠져 있을 때는 영화의 대사, 풍경, 음악…… 모든 것이 상대와의 추억으로 이어진다. 영화 속의 인물과 상황은 다르지만 그 안의 상황에 자신의 감정을 이입하여 의미를 부여한다. 그래서 영화는 재미 이상의 의미를 갖는다.

헤어진 애인과 함께 자주 불렀던 노래가 어딘가에서 흘

러나오면 시도 때도 없이 그때를 떠올린다. 언젠가는 노래방에서 한참 노래하다가 울음을 터트린 친구가 있었다. 그때 "너 왜 울어? 슬픈 노래도 아닌데?"라고 물었더니 친구가 "이 노래를 들으면 옛날 생각이 나. 그때 정말 행복했는데……"라고 대답했다. 나는 친구의 마음에 백번 공감했다.

나에게도 이별 주제가가 있었다. 서로에게 소원함을 느끼는 시기에 비슷한 내용의 노래를 들으면 이상하게 그때의 멜로디나 가사가 한참 동안 마음에 남는다. 어떤 노래를 들으면 이별했던 순간이 생생하게 떠오른다. 그런 노래는 한참을 마음에서 지울 수 없다.

문학도 같은 의미에서 마음을 울린다. 예를 들어 비련의 명작 『춘희』가 변함없이 사랑받는 것은 인간의 기본 감성인 '사람의 마음이 엇갈리는 비극'을 제대로 그려내고 있기 때문일 것이다.

요즘에는 상처받는 것이 두려워 깊게 만나지 않고 '썸'만 타기도 한다. 3~4개월 정도 사귀다가 헤어지는 일도 흔하다. 더 심할 때는 겨우 며칠 사귀다가 헤어진다. 사귀는 기간은 점점 짧아지고 다른 사람을 만나는 일도 점점 빨라진다. 헤어져도 아무렇지 않은 가벼운 관계를 추구하거나 아예 이성을 사귀지 않겠다는 사람들이 늘어나는 이유는 깊은 감정의 소용돌이를 감당할 수 없기 때문이다. 하지만 그런 식의 관계로는 성장하거나 변화할 수 없고 오히려 퇴행한다. 그뿐 아니라 감정도 점점 메말라간다.

사랑하는 사람과 헤어지는 것은 슬픈 일이다. 그래도 자신의 감정에 충실하면 후회가 남지는 않는다. 상대를 자주 바꿔가며 가볍게 사귄다면 그 순간에는 즐거워도 공허함이 남는다.

진정한 사랑에 충실하다 보면, 나를 넘어서는 경험을 하기도 한다. 사람은 원래 다른 사람을 이해하기 어렵다. 아니, 이해하지 않고 싶어 한다. 하지만 사랑하는 사람은 다르다. 가능한 상대의 입장에서 생각하게 되고, 더 이해하고 싶어 한다. 그래서 진짜 사랑에 빠지면 다른 사람에 대한 이해심도 더 커진다. 절대 이해할 수 없을 것만 같았던 일들도 이해되기 시작한다. 사랑을 통해 공감 능력이 커지는 것이다.

또 사랑을 통해 아주 작은 것에서 '깊은 정취'를 느끼기도 하고, 사소한 감정 하나하나에서 의미를 찾을 수 있다. 평소에는 꽃이나 달에서 별다른 의미를 찾을 수 없었지만 우연히 과거의 기억이 겹쳐지면서 꽃이나 달이 갖는 진짜 아름다움을 알게 되기도 한다. 또 평범하게 느껴졌던 것들에 마음이 움직인다. 이렇게 아름다움에 섬세하게 반응하면서 존재가 지닌 각각의 아름다움을 발견할 수 있다.

이런 사람에게는 누구나 성숙함을 느낀다. 깊은 혼돈을 빠져나와 슬픔을 극복한 사람만이 갖는 상상력, 아름다움, 이해력, 포용력. 사랑을 통해 그 모든 것을 갖춘 어른스러운 사람이 되는 것이다. 이런 사람은 겉으로 보기에 아름다운 사람과는 깊이가 다르다. 인생의 단맛과 쓴맛을 다 보았기 때문에 그 흔적이 배어 있다. 체념과 활기와 여유로움과 섹시함. 이런 성숙의 결과는 사랑이 주는 고독의 힘 없이 얻을 수 없는 것들이다.

언제든 자신을
돌아볼 수 있는
의식을 가져라

얼마 전에 도모토 츠요시(일본 아이돌 그룹 킨키키즈 멤버) 씨와 함께 광고 촬영을 했다. 그는 설명이 필요 없는 슈퍼 아이돌이지만 만나보니 실제로는 차분하고 조용한 사람이었다. 음악을 좋아하기 때문에 지금 하는 일도 즐겁지만, 집에서 기타를 치거나 혼자 있는 것도 무척 좋아한다고 한다. 얼핏 보기에는 활동적으로 보였지만, 다른 사람과 있을 때에도 어느 정도 자기만의 세계를 영위하고 있다는 생각이 들었다.

그는 다른 사람과도 잘 사귀면서 혼자 있는 것을 불안해하지 않는다. 그런 의미에서 젊은 사람들이 혼자 있는 시간을 좋아한다는 것은 아주 멋진 일이다. 언제든 다른 사람들과 원활하게 소통할 수 있다는 안도감 없이는 선뜻 혼자만의 시간을 갖기 어렵기 때문이다.

갈수록 혼자 있는 시간을 견디지 못하고 하루 종일 휴대전화를 붙들다가 잠드는 사람들이 늘고 있다. 하지만 혼자만의 시간이 없으면 자신의 샘을 파 내려갈 시간도 없다.

옛날 청년들은 자기를 만나기 위한 의식의 하나로 재즈를 자주 들었다. 존 콜트레인 등의 음악을 들으면 마음이 차분해지는데, 그러한 차분함을 시작으로 고독의 시간에 들어간다. 고독을 즐기는 것이 익숙해지면 상당한 에너지원을 비축할 수 있다고 앞서도 말했지만, 이것은 젊었을 때 해두어야 할 작업이다. 중년의 고독이 슬그머니 다가오는 마흔, 쉰을 지나서 고독을 파 내려가면 정신이 영원히 땅 밑에 묻혀버릴 수도 있다. 물론 중년 이후의 고독이 필요 없다는 말은 아니다. 젊은 시절의 고독과는 그 기능이 다르다는 말이다.

젊을 때에는 에너지를 기술로 변환해야 한다. 예를 들어 기타나 피아노 연주 등의 기술을 익혀두면 악기를 연주하면서 더 깊은 고독으로 들어갈 수 있다. 자신의 내면 세계로 빠질 수 있다. 하지만 고독으로 이끄는 기술이 없으면 자신만의 세계에 충분히 들어가 몰입하기 어렵다.

많은 사람들이 악기 연주에 대한 동경을 갖고 있다. 나이가 들어서 피아노를 배우기 시작했다는 사람도 많이 봤다. 나 역시 그랬다. 『파리 좌안의 피아노 공방』이라는 논픽션에 큰 감동을 받았기 때문이다. 이 책의 화자는 어린 시절부터 피아노를 아주 좋아하던 중년 남자다. 제대로 피아노를 배워보고 싶다는 생각은 있었지만 그 꿈을 이루지는 못했다. 그러다가 파리로 건너가 어느 피아노 공방을 찾은 후 피아노를 배워야겠다는 열정에 다시 불이 지펴졌다. 그래서 얼떨결에 피아노를 사버린다.

피아노는 기타나 바이올린과는 느낌이 좀 다르다. 고독의 이미지가 더 짙다. 평소에 실없는 소리만 하던 사람도 피아노를 치면 더없이 섹시해 보인다. 기타는 클래식 곡을 약간 아는 정도면 누구라도 비교적 간단하게 칠 수 있고, 바이올린은 너무 어렵다. 바이올린을 켠다면 분명 어릴 때 '범생이'가 아니었냐는 이야기를 들을지도 모른다.

물론 피아노로 명곡을 연주하려면 상당한 노력이 필요하지만 프로가 되고 싶은 것이 아니라면 어른이 되어 시작해도 괜찮다. 일정 시간 혼자서 연습해야 곡 하나를 칠 수 있기 때문에 피아노를 잘 친다는 것은 고독과 정면으로 마주하여 단련했다는 증거다. 피아노를 치는 순간에는 오로지 악보를 보며 혼자 고독한 시간을 견뎌야 하는데, 많은 사람들은 그 과정에서 포기하기 때문이다.

혼자 있는 시간에 스스로를 단련하는 힘은 섹시함으로도 이어진다. 기타노 다케시(코미디언, 영화감독)는 피아노 강사를 목표로 피아노를 진지하게 배우고 있다고 한다. 또 탭댄스를 배우고 끊임없이 영화나 책을 접하고 있다. 미디어를 통해 흘러나오는 소식들을 통해서도 그의 꾸준한 노력을 엿볼 수 있다. 어쩌면 그가 쉬이 고독해지는 사람이기에 일명 '다케시 군단'이라 하는 집단을 만든 것일지도 모른다.

나에게도 분명 고독의 시기가 있었지만 그것이 구체적인 '멋'으로 표현되지는 않는다. 나는 학생들에게도 "선생님은 웃긴 분이세요"라며 놀림을 받는다. '언제나 맑음' 같은 캐릭터를 지향하여 "선생님은 캘리포니아의 푸른 하늘이세요?"라는 말을 반 농담처럼 듣는데, 그럴 때는 "아니, 시즈오카의 푸른 하늘이야"라고 되받아칠 뿐이다.

밝고 유쾌한 성격 때문에 섹시함이 가려질 수 있다고 생각하니 왠지 아쉽다. 섹시해 보이려면 고단한 삶의 흔적과 그늘진 얼굴을 해야 할 것만 같으니 말이다.

앞으로는 여성도 혼자 있는 시간을 잘 보내는 사람이 섹시하다는 말을 듣게 될 것이다. 그 대표적인 인물이 프랑스의 영화배우 잔느 모로다. 영화 '사형대의 엘리베이터'에서 그녀는 화려한 파리의 샹젤리제 거리를 걷는다. 애인이 오기를 고대하며 애타게 기다리는 장면은 이 영화의 압권이다.

다른 모든 것을 압도하며 홀로 걷는 모로의 모습은 누구도 표현할 수 없는 파리지엥스러운 고독을 충분히 표현하고 있다. 그 분위기가 섹시하지 않다면 무엇이 섹시하랴.

혼자만의 시간을 갖는 여성들에 대해 긍정적으로 평가하지 않는 남자들도 있는데, 그런 생각은 바뀌어야 한다. 항상 남자를 배려하는 편한 여자만 찾고, 여자 혼자만의 시간을 보내는 것에 색안경을 끼고 보는 남자들은 스스로 분별력 없음을 드러내는 것이나 다름없다. 혼자 설 수 있는 여자들이 과연 그런 남자들을 사랑할 수 있을까.

익숙한 것과
단절하라

무언가에 탐닉하면 의도치 않게 혼자 있게 되는 경우가 있다. 하지만 음악을 좋아해서 CD를 많이 듣는다면 몰라도, 아직 포장도 뜯지 않은 CD가 쌓여 있는데 CD 가게만 눈에 띄면 반사적으로 들어가 사버리는 중독 상태는 문제다. 수집 그 자체가 목적이 돼버리면 영양가 없는 '혼자만의 시간'을 보내게 될 뿐이다.

물론 수집가에게도 친구는 있겠지만 기본적으로는 꾸준히 자신만의 세계를 구축해나가는 게 우선순위가 되기 때문에 단독자가 안고 있는 내적 압박을 느끼지 않는다. 여자들은 그런 사람을 '오타쿠' 같다며 별로 좋아하지 않는다.

남자들도 본능적으로 여자들이 그런 성향을 꺼려한다는 것을 알기 때문에 자신이 수집가라는 사실을 숨기기도 한다. 결혼 후에야 남편이 미니카 오타쿠였다는 것을 알고 아연실색했다는 이야기도 꽤 들었다.

자기만의 세계를 갖고 있는 남자가 좋다는 여자도 많다. 하지만 '자기만의 세계'라는 의미에는 차이가 있을 수 있다. 똑같이 자기만의 세계를 즐기더라도 '오타쿠 같은 수집가'와 '자신만의 세계'를 가진 사람은 인식 자체가 다르기 때문이다.

구체적으로 이 둘은 어떻게 다를까.

오타쿠적인 수집가가 갖는 문제 중 하나는 정신적인 성장에 큰 관심을 갖지 않는다는 것이다. 미니카라면 미니카 세계에, 전투 피규어라면 전투 피규어 세계에 집착하여 '이대로 사는 게 좋아. 정신적인 성장 같은 건 관심 없어. 이 세계 이외에는 관심 없다'며 수집 대상 이외의 것은 밀어낸다.

성장하려면 적어도 한 번은 익숙한 지점에서 빠져나와 그것들과 단절하는 시간을 가져야 한다. 수집가처럼 자신의 쾌락에 안주하는 것은 행복이다. 어떤 의미에서는 그것이 안정감을 주지만, 결국 어른이 되지 못한 남자로 남을 뿐이다. 그런 사회성 없는 상대를 인생의 파트너로 삼는 것은 불안한 일 아닐까.

물론 톨스토이나 도스토엡스키 같은 작가의 고전을 읽고 베토벤이나 모차르트의 명곡을 듣는 것만이 혼자 있는 시간을 잘 보내는 것이고, 피규어를 모으고 희열하는 서브 컬처적인 세계를 즐기는 것은 혼자 있는 시간을 잘못 보내는 것이라고 말할 수는 없다.

혼자 있는 시간을 잘못 보낸다는 것은 다른 사람을 가까이 하지 않거나 배제하고 싶어 하는 상태를 말한다. 반대로 혼자 있는 시간을 잘 보낸다는 것은 자신의 세계에 침잠하여 자아를 확립한 후에 다른 사람들과 유연하게 관계를 맺고 감정을 자유롭게 교환할 수 있는 상태를 말한다.

여기서 말하는 '다른 사람'은 그저 취미가 맞는 사람이 아닌, 자신이 지향하는 가치를 공유하는 사람이다. 베토벤이나 톨스토이의 작품을 접한 후에, 주변 사람들로부터는 도저히 채울 수 없는 정신세계에 대해 알고 싶다는 욕구를 느끼거나 그러한 욕구를 해소하기 위해 다시 대가의 작품에 몰입한다면 그것은 긍정적으로 평가할 수 있다. 하지만 열정이나 관심이 물건과 같은 물질로 완전히 가버리면 거기에 양질의 타자는 있을 수가 없다. 물체와 마주할 뿐이다.

지금은 사회 전체가 재미를 추구하는 시대이기 때문에 그런 오타쿠적 문화가 일종의 메이저 문화로 인정받는다. 어쨌든 혼자 시간을 보낸다고 해서 항상 좋은 영향을 받는 것이 아니라 자신과 마주하는 방법에 따라 크게 달라진다는 것을 잊지 말아야 한다.

그러니 여성들도 '재미있는 사람이 이상형'이라며 말 잘하는 남자에게만 관심을 둘 게 아니라 조용히 자기만의 시간을 갖는 남자도 인정해줘야 한다. 그들을 인정하고 격려할수록 인간적으로 성숙해질 것이다.

나쁜 감정도
에너지로
바꿀 수 있다

사람의 뇌에서 노르아드레날린이 분출되면 불쾌함을 느끼고, 세로토닌이 분출되면 안정감을 느끼고, 도파민이 분출되면 쾌감을 느낀다. 사람마다 정도는 다르겠지만 기본적으로 기분은 이 세 가지 호르몬에 크게 영향을 받는다.

보통 여자들은 혼자 있을 때 편하고 안정된다고들 한다. 세로토닌적인 시간을 보내는 것이다. 남자들은 미니카나 피규어와 같은, 평소에 갖고 싶었던 모델을 소유하게 되면 쾌감이 커진다. 도파민의 영향 때문이다.

하지만 혼자일 때 마냥 편하게만 보내고 아무런 고민을 하지 않는다면 긍정적인 고독의 힘을 키우기는 어렵다.

내가 느낀 고독은 세로토닌이나 도파민이 주는 기분 좋은 상태는 아니었다. 청년 시절, 내가 품고 있던 고독의 기저에는 나 자신에 대한 불만감, 고립되어 있다는 소외감과 열등감이 있었다. '나를 인정해달라'고 끊임없이 소리치는데 아무도 대답해주지 않았고, 끝없는 허무함에 초조했다. 즉, 노르아드레날린적 상태였다.

흔히 불쾌감을 부정적으로 인식하지만 잘 활용하면 큰 도움이 된다. 항상 기분이 유쾌한 것도 좋지만, 노르아드레날린 같은 불쾌감을 극복하고 성장하면 일을 이루는 원동력이 된다.

아쿠타가와 류노스케나 다자이 오사무 등 많은 작가는 반골 기질이 있어 기존의 상식과 이데올로기에 맞서면서 새로운 것을 계속 창출해왔다.

시대를 더 거슬러 올라가보자. 나쓰메 소세키도 그중 한 사람이었다. 그는 국비 유학을 할 만큼 엘리트였지만 런던에서 예상치 못한 고독을 맛보게 된다. 아무리 어학 능력이 뛰어나도 원어민과 비교할 수는 없다. 그러한 영문학의 세계에서 자신이 비주류라고 느꼈을 때 그는 은둔형 외톨이가 되어버린다. 『런던탑』은 그 시절 소세키의 고민을 그대로 묘사한 듯한 작품으로, 런던의 겨울 하늘과 같은 어둠이 느껴진다.

> 세상에 아무리 괴롭다 해도 머물 곳이 없는 것만큼 괴로운 일은 없다. (…) 살아간다는 것은 활동한다는 것인데, 살아가면서 이 활동을 억압당하는 것은 삶의 의미를 빼앗겨버린 것이나 다름없으며, 빼앗긴 것을 자각하는 것이야말로 죽음보다 더한 고통이다.
> _나쓰메 소세키, 『런던탑』 중에서

<u>외톨이의 고뇌, 그때 축적된 에너지가 결국 다음 비약을 향한 중요한 발판이 되어 평생 그의 창작 활동의 기반이 되었다. 젊은 시절의 고독은 영원히 마르지 않는 샘이다.</u> 젊어 고생은 사서도 한다는 말이 있듯이 고독 역시 사서 손해 날 일은 없다.

혼자인 시간을
피할수록
더 외로워진다

사춘기와 청년기는 고독과 마주해야 하는 시기다. 나는 그런 강박관념을 강하게 갖고 있었다. 괴테 이후의 빌둥스로만(Bildungsroman)에 영향을 받았기 때문이기도 하다.

빌둥스로만은 괴테 시대에 만들어진 독일의 전통적인 소설 스타일로, 한 인간의 정신적, 정서적 성장을 그리는 교양소설이다. '빌둥스로만'라는 단어에는 교양이라는 의미와 자기 형성이라는 의미가 내포되어 있다. 그래서 예전에는 자기 형성의 과정을 '교양'이라고 표현하기도 했다.

빌둥스로만은 고대 그리스 예찬 정신에서 기원했다. 그래서 가족이나 친구를 떠나 방랑 끝에 강인하게 성장하여 돌아온다는 이야기가 신화나 영웅 전설의 원형인 경우도 많다.

마찬가지로 빌둥스로만의 주인공들은 모두 어떻게 살아야 하는지 탐구하면서 인간적으로 성장해가는 법을 배운다. 나는 사춘기 시절, 고독한 마음과 마주한 그들의 모습을 보면서 가슴이 벅찼다. 가족이나 친구들의 격려와는 또 다른, 소울메이트의 응원을 받는 것 같았다.

한편 일본에는 역사적으로 불교적 무상관이 존재한다. 인간의 세계는 모두 흘러서 변해간다. 절대적인 것은 없다. 그러니 집착하면 안 된다. 외로움에 익숙해져야 한다는 것이 그것이다.

일본인은 예전부터 그런 교육을 받아왔기 때문에, 무사는 어릴 적부터 어떻게 죽음을 맞을지에 대해 배웠다. 무사에게 최상의 임무는 언제든 죽음을 받아들일 각오를 다지는 것이었다.

완벽한 고독은 죽음과 마주하는 것이다. 모리 오가이의 『마지막 한 구』에는 그 전형적인 주인공이 등장한다. 주인공은 고작 16세 소녀다.

『마지막 한 구』의 줄거리는 이렇다. 때는 1738년. 배를 소유하고 운송업을 하던 가쓰라야 다로베라는 사공이 있었다. 다로베는 방화범이라는 누명을 쓰고 사형 선고를 받는다. 그 사실을 알게 된 다로베의 장녀 이치는 아버지의 목숨을 구하고자 조정에 탄원서를 올리려 한다. 이치에게는 마쓰와 구토라는 두 명의 여동생과 남동생 쇼로 그리고 양자인 조다로라는 형제가 있다. 자신들을 대신하여 아버지를 도와달라고 쓴 편지는 어른이 쓴 것 같이 조리가 있었다. 그것을 본 마을 관리는 편지가 지나치게 어른스럽게 쓰인 것을 보고 의아하게 생각하여 만약 누군가 대신 써줬다면 용서받기 어려울 거라며 이치를 규문소(재판을 받는 곳)로 연행한다.

하지만 이치는 편지를 자기가 썼다고 밝힌다. 이에 관리는 "만약 대신 써줬다는 말이 들리면 너희들은 바로 죽임을 당한다. 아버지를 만날 수 없는데 그래도 좋으냐?"라고 묻는다. 그러자 이치는 낯빛 하나 바꾸지 않고 "좋습니다. 조정의 일은 틀림없으니까요"라고 답한다.

억울한 누명 앞에서도 소녀는 죽음을 두려워하지 않는다. 이것은 소설 속 이야기이지만 오래전부터 당연히 여겨왔던 무사도 정신이기도 하다. 당시에는 이 소녀처럼 무사 계층이 아닌 평범한 사람들도 무상관을 공유하여 언제든 혼자서 죽음을 받아들이는 강인함을 갖고 있었다.

후카사와 시치로의 『나라야마부시코』(일본판 고려장 이야기)에 등장하는 노모 오린도 기꺼이 죽음과 마주하며 산을 넘는 강한 여성이다. 소설 중에 "일흔이 되어 나라야마부시코로 가기 3년 전부터 산에 가서 앉을 멍석도 마련해뒀어"라는 대목이 나올 정도다.

그러나 요즘에는 죽음이나 무상 같은 것을 어릴 적부터 접할 기회가 없다. 한물 간 미국 홈드라마 같은 경박한 분위기가 사회 전체에 퍼져 있다. 특히 10대, 20대 젊은이들은 고독을, 살아가기 위해 반드시 거쳐야 하는 통과의례가 아닌 재앙으로 받아들인다.

내 생각에 고독과 마주하지 않는 생활 방식이 가속화된 것은 1980년대부터다. 그때부터 <u>고독을 '성장을 위한 과정'으로 받아들이지 않게 됐다. 그렇게 고독을 피해온 우리는 마음의 안정을 누리고 있을까. 오히려 더 외로워진 것은 아닐까.</u>

고독에 대한 과도한 두려움은 사람들이 교양을 무시하기 시작한 시기와 맞물린다. 왜냐하면 고독을 긍정적으로 받아들이기 위해서는 교양이 필요하기 때문이다. 고독감을 느낀다고 해서 누구나 거기서 의미를 찾을 수 있는 것은 아니다. 거기에 한줄기 빛이 돼줄 선인들의 말과 인생이 더해져야 한다. 롤 모델이 있으면 문제를 해결하는 데 큰 도움을 받을 수 있다. 잘 모르는 게 있으면 "지금 나는 카프카의 『변신』에 등장하는 자무자와 같구나!" 하고 웃어넘기며 부조리나 불운을 유머러스하게 넘길 수도 있다.

  어쩌면 실제로 교양이 있고 없고는 그다지 중요하지 않을 수도 있다. 중요한 것은 그것과 만나고 싶은 마음이 있느냐는 것이다. 찾으려고 마음만 먹으면 많은 모델을 만날 수 있다. 그들과 잘 사귀면 그들이 외로움을 함께 극복해주는 조력자가 되어준다. 교양은 고독에 대한 처방전인 것이다.

고전에
의지하라

고독은 나와 위인들을 잇는 지하수맥이기도 하다. 나는 그 사실에 큰 희열을 느꼈다. 괴테가 파고, 다자이 오사무가 판 장대한 문화와 예술의 수맥은 깊고 넓어 막히는 법이 없다. 수맥을 향해 파 내려가다 보면 그들 또한 이전에 수맥을 판 누군가와 연결되어 있다는 것을 알 수 있다. 그렇게 지하수맥에 내려가다 보면 대단한 사람들이 북적이는 어마어마한 흐름을 볼 수 있다. 그런 고독은 하나도 두려울 게 없다.

하지만 혼자서 하루 종일 음악을 듣고 휴대전화만 만지작거려서는 수맥을 향해 갈 수 없다. '이 정도는 괜찮겠지'라며 고민 없는 시간을 보내면서는 영원히 지하수맥에 도달할 수 없다.

지금이라도 음악을 끄고 '나는 어떤 존재인가?' 하고 생각에 잠겨보는 것은 어떨까. 그러다 보면 이런저런 생각들이 떠오를 것이다. 하지만 자기만의 얕은 생각으로는 수맥을 향해 파 내려가기 어렵다. 자기만의 힘으로 파 내려가는 것은 아무런 장비 없이 손으로 땅을 파는 것이나 다름없다. 손으로 땅을 파다 보면 진행 속도도 느리고 손도 아프다. 게다가 힘도 점점 떨어진다. 적당히 파다가 이 정도면 충분하다며 포기하기 쉽다. 혼자만의 힘으로 가닿을 수 있는 곳은 그 정도 깊이다. 그 정도로는 지하에서 우물물이 솟아나지 않는다.

그런 평탄함이 행복이라면 할 말은 없다. 하지만 사람은 살아가는 한 고독을 피하기 어렵다. 아무리 평탄한 삶을 산다고 해도 인생에 대한 근본적인 불안이나 공허감은 피할 수 없다. 때로는 불안이나 공허함 같은 부정적인 감정의 실체를 모른 채 한없이 끌어안는 경우도 많다. 근본적인 문제와 직면하지 않으면 공허한 행동을 끝없이 반복하게 된다.

하지만 책을 매개로 내면을 파고든다면 진행 속도는 놀랄 만큼 빨라진다. 책이 지하수맥을 향해 갈 때 도르래 역할을 해주기 때문이다. 책의 주인공이 네비게이터가 되어 정신의 깊은 곳으로 자연스럽게 이끌어준다. 만일 어느 정도 자신의 기질이나 처한 상황에 맞는 주인공을 만난다면 자신이 맞이할 고독의 예행연습을 할 수도 있다.

예를 들어 세르반테스의 『돈키호테』에 등장하는 돈키호테 데 라 만차는 고독의 대표적인 캐릭터다. 산초 판자라는 충직한 부하가 있었지만 돈키호테의 모든 것을 이해하고 있었다고는 말하기 어렵다. 돈키호테는 기본적으로 아무도 이해해주는 이 없이 가는 곳마다 험한 꼴을 당한다. 그는 자신만의 망상 세계에 빠져 옴짝달싹 못하는 남성의 아이콘이기 때문에 그가 죽음을 맞는 순간에는 동정심마저 생긴다. 현실 세계에 적응하지 못하는 남자의 슬픔은 오늘날의 고독과도 통하는 부분이 있다.

셰익스피어의 『햄릿』에 나오는 왕자 햄릿이 느끼는 고독감도 누구나 공감할 수 있다. 복수를 맹세하면서도 주저하는 자신을 경멸하는 햄릿. 머릿속에 온갖 말들이 떠올라 아무것도 할 수 없다. 주저하고 망설이는 기분을 '햄릿적인 마음'이라고 할 만큼, 고전의 정서가 오늘날에도 보편적으로 이해되고 있다. 셰익스피어가 활동한 시기는 일본에서 세키가하라전투(1600년 세키가하라에서 벌어진 전투) 전후다. 그토록 오래전에 쓰인 책이 오늘날 우리의 정서와 공감대를 이루는 것을 보면 고전의 보편성이 얼마나 대단한 것인지 알 수 있다.

또 도스토옙스키의 『죄와 벌』의 주인공 라스콜니코프가 다양한 국면에서 만나는 고독과 죄책감에 함께 몰입하다 보면 마음속 깊은 심연에 도달할 수 있다.

일본은 유럽의 문학, 특히 프랑스, 독일, 러시아 문학의 영향을 많이 받았다. 프랑스 문학은 정신의 미묘한 동요를 섬세하게 기술하는 것이 특징이고, 독일 문학은 '정신의 바람직한 모습이란?'과 같이 인간의 본질을 추구하는 것이 특징이다. 러시아 문학은 자유를 추구하여 고매한 사상과 드높은 자존심을 부딪치게 한다. 사상적 투쟁을 주고받는 것으로, 한겨울의 러시아를 뒤덮는 황량한 고독을 축제로 바꾸고 있다. 이러한 문학은 우리가 정신적인 의미를 찾을 때 큰 도움을 준다.

흔히 초등학교 시절에는 책을 자주 읽었는데 중학교 이후에는 거의 읽지 않는다는 사람이 많다. 그 이유는 아이의 독서에서 어른의 독서로 넘어가는 장벽을 뛰어넘지 못했기 때문이다.

보통 고독을 테마로 한 작품은 '아동문학에 어울리지 않는 것'으로 분류된다. 그래서 어린 시절에 읽는 책들은 꿈과

판타지에 대한 이야기로 가득하다. 그러나 중학생 정도부터는 서서히 자기 생각도 생기고 다양한 감정을 경험하면서 삶의 고독을 처음 경험한다. 이때 어른의 독서를 할 수 있는지 결정된다. <u>어른의 독서는 인간의 근본적인 고독감을 긍정적으로 받아들이기 위한 레슨인 셈이다.</u>

물론 고독에 빠질 때 음악이 주는 효과도 있다. 포크송 시대부터 현대까지, 나카시마 미유키부터 미스터칠드런(일본의 4인조 밴드)까지 고독한 영혼을 읊은 노래는 헤아릴 수 없으며 사람들은 그 노래를 사랑해왔다.

나는 이노우에 요스이의 두 번째 앨범에 수록된 '차가운 방의 세계지도'라는 곡을 아주 좋아한다. 가사가 전반적으로 감상적이며 고독한 세계에 대한 동경과 상처받기 쉬운 마음이 잘 표현되어 있다.

실제로 노래는 감정을 움직여 우울한 기분을 일으키기도 한다. 그래서 음악을 듣다 보면 감성적이 된다. 그러나 음악으로 감정을 증폭시키는 것과 책을 읽는 것은 확연히 다르다.

노래는 슬픔이나 즐거움을 의도하기 때문에, 곡에 따라 A라는 감정에서 B라는 감정, 나아가 C라는 감정으로의 '모드 체인지'가 가능하다. 그러니 음악에 따라 감정이 흔들리는 것은 당연하다. 하지만 음악으로 빠지는 고독은 피상적일 뿐이다.

음악을 깊이 감상하기 위해서라도 독서를 해야 한다. 책을 통해 작곡가에 대한 정보나 곡이 만들어진 과정을 알면 들을 때의 기쁨은 배가 된다.

오래된 히트곡이기는 하지만 카르멘 마키(일본의 가수)가 부른 '때론 엄마 없는 아이처럼(데라야마 슈지가 주재하고 있던 극단 '천정잔부天井棧敷'에 신입여배우로 입단한 카르멘 마키의 데뷔곡이다)'이라는 곡은 데라야마 슈지(극작가, 영화감독, 연극연출가)가 작사한 곡이다. "때론 엄마 없는 아이처럼 / 가만히 바다를 바라보고 싶어 / 때론 엄마 없는 아이처럼 / 혼자 여행을 떠나보고 싶어"라고 외로운 마음을 노래한 데라야마의 삶의 여정을 알아가다 보면 이 곡이 가슴에 보다 깊이 스며들 것이다.

지하수맥에 도달하려면 어쨌든 언어라는 도구가 필요하다. 그러려면 소울메이트를 찾는다는 기분으로 독서해야 한다. 이 과정이 익숙해지면 고독에 짓눌리는 일은 없을 것이다.

에필로그

나는 지금까지 인생의 상당 부분을 혼자 보냈다. 사교성이 없기 때문은 아니었다. 목표한 것을 이루려면 단독자가 되어 스스로를 단련하는 과정이 반드시 필요하다는 것을 알고 있었기 때문이다.

하지만 이런 나의 생각을 이해해주는 사람이 없어서 괴로웠다. 그런 나를 위로해준 것은 위인들이나 그들이 쓴 책뿐이었다.

그중에서도 내가 정신적 쌍둥이처럼 가깝게 느꼈던 인물은 니체다. 니체는 『차라투스트라는 이렇게 말했다』와 같은 철학적인 글을 쓰는 것만으로 주변 사람들에게 지대한 영향을 주었다. 스스로의 탁월함을 알고 있었기 때문에 지나친 자의식에 빠지기도 했고, 그런 자신을 다른 사람들이 이해해주지 못한다는 생각에 괴로워하기도 했다. 니체는 시대를 너무 앞서간 사람이었다. 그래서 다른 사람들과 쉽게 어울릴 수 없었다.

내 글의 공기를 호흡할 줄 안다면 이것이 고산의 공기이며 강렬한 공기라는 것을 알 수 있다. 이 공기를 마시려면 그만한 자질을 갖추고 있어야 한다. 그렇지 않으면 그 공기에 휩싸여 감기에 걸릴 수 있다.

_니체,『이 사람을 보라』중에서

니체는 자신의 글을 읽기 위해 그에 맞는 자질을 갖출 것을 요구한다. 그런 니체의 고독은 소름이 끼칠 만큼 가혹하다.

니체는『차라투스트라는 이렇게 말했다』에서 이런 말을 한다. "제자들이여, 나는 앞으로 혼자가 된다. 자네들도 지금 가는 게 좋아. 모두 혼자가 돼라. 나는 그것을 바라노라."

니체가 글을 통해 몇 번이고 권유하는 것은 고독을 극복하여 단독자가 되고, 다른 단독자와 진정한 사랑을 나누며 함께하라는 것이다.

나는 지금도 나에게 묻는다. "나는 단독자인가?" 그 물음에 "그렇다"고 답할 수 있는 한 혼자 있는 것은 두려운 것이 아니다. 혼자 있는 시간과 그 시간에 견뎌야 하는 고독은 나 자신을 닦고 풍요롭게 하는, 다시없는 기회를 선사해주기 때문이다.

그러려면 일정 시간 동안 스스로 고독과 사귀고, 혼자 있는 외로움을 견딜 수 있을 만큼의 강한 정신력을 키워야 한다.

물론 사람은 고독할수록 지지해주는 존재가 필요하다. 그 하나가 먼저 세상을 살다 간 선인들이고 또 하나는 자신을 긍정하는 힘, 즉 자기 긍정력이다. 그렇다고 대책 없이 자신을 긍정하는 것은 위험하다. 평소에 자신의 상태를 잘 파악하는 것이 중요하다.

혼자일 때 느끼는 외로움이나 허전함은 때때로 자신을 괴롭히지만, 지금의 과정을 스스로 응원한다면 고독에 대한 적응력은 훨씬 높아질 것이다.

나 또한 고독 때문에 괴로워한 적이 있기 때문에 이 책을 쓸 수 있었다. 그래서 가능한 한 솔직하게 쓰려고 노력했다.

고독은 잘못 다루면 위험해진다. 이 위험을 기회로 바꾸기 위해서는 고독을 다루는 '기술'이 필요하다. 여기서 혼자 있는 시간을 보내는 방법을 꼭 습득하기 바란다. 그 시간을 통해 분명 풍성한 삶을 살 수 있을 것이다.

해설

혼자 있는 시간을 어떻게 보내느냐가 당신의 미래를 결정한다

코이케 류노스케
『생각 버리기 연습』 저자

혼자 있는 시간을 어떻게 보내느냐에 따라 우리의 인생은 달라진다. 나는 절에서 태어나 20대 중반부터 본격적인 수행을 시작하여 지금은 한 달에 약 15일 정도 홀로 명상 수행을 하고 있다. 고대 불교에 있었던 좌선 명상을 중심으로, 거의 누구와도 말을 하지 않고 연마하여 매우 강한 집중 상태를 만든다. 그리고 몸과 마음의 구석구석까지 꾸준히 깊게 관찰해간다.

그 시간은 철저히 고독하다. 물론 혼자라는 것은 부정적인 의미가 아니다. 나에게 '혼자'라는 것은 부정적이지도 긍정적이지도 않은 중립적인 상태다.

사실 나에게도 사이토 다카시 씨가 경험한 '암흑의 10년'

과 같은 세월이 있었다. 아마 중학교 시절부터 20대 중반 무렵까지였을 거라 기억한다. 그때의 나는 남들이 나를 이해해주기 바랐지만 누구도 이해해주지 않았다. 누군가와 소통하고 싶은데 소통할 수 없었다. 인정받고 싶은데 인정받지 못했다. 당시 내 인생의 책은 이 책에서도 소개된 『인간실격』이었다.

어차피 나는 혼자라고 생각했다. 마음속은 불만과 외로움과 실망감으로 가득했다. '난 형편없는 인간이야!'라고 생각하면서도 '난 다른 평범한 녀석들과는 달라. 그중에도 내가 가장 형편없으니까'라는 뒤틀린 자존심을 갖고 있었다. 그때의 내가 이렇게 일부러 '고립'되었던 이유는 단 하나. 타인에게 바라는 것이 너무 컸기 때문이다. 사실은 이해받고 싶고, 소통하고 싶고, 인정받고 싶다는 기대와 어리광이 잔뜩 있었다. 그런데 그것이 만족되지 않으니 스스로 외로움을 격화시키는 악순환 속에서 우울한 날들을 보냈던 것이다.

그러던 어느 날, 고독의 악순환을 벗어난 계기가 있었다. 하루는 당시 사귀고 있던 여자 친구의 집에 간 적이 있다. 여자 친구가 냉장고에 남아 있던 음식으로 요리를 만들어줬다. 나는 무척 기뻤다. 그러나 얼마 후에도 똑같이 남은 음식으로 요리를 해줬다. 그런데 몹시 화가 나고 불쾌했다. 처음에는 '나를 위해 이렇게 애써줘서 고맙다'고 느꼈는데, 두 번째는 '왜 나를 위해 새로운 요리를 만들어주지 않지' 하는 기분이 들었던 것이다. 나는 깜짝 놀랐다. 상대는 똑같이 해주었을 뿐인데 어째서 이렇게도 상반되는 기분이 드는 것일까.

곰곰이 생각해보니 나는 상대에게 화가 나 있는 게 아니었다. 기분이 상하기 전에 나의 마음에 이미 '상한 마음'이 있었던 것이다. 아마도 일이 잘 풀리지 않았거나 누군가에게 인정받지 못했거나 뭔가 힘든 일이 있었을 것이다. 그런 나 자신의 감정이 그녀 핑계를 대며 표출되었던 것이다. 그녀가 아니어도 상관없었다. 평소에 재미있게 읽던 만화가 재미없었다면 괜한 트집을 잡고 불평했을 테니까.

그런데 내가 그녀나 만화 작가와 충분히 소통하고 있었느냐 하면 그렇지도 않았다. 서로 고립되어 있었다. 하지만 '그녀가 이런 요리를 줘서 기분이 나빠졌다'고 생각하면 마치 내가 그녀의 영향을 받는, 즉 서로가 영향을 주고받는 관계라는 생각을 하면서 고독하지 않다는 착각을 하게 됐다.

상대에게 어리광을 부리고 기분 나빠하는 것과 스스로의 고독을 보고도 못 본 척하는 행동에는 관계가 있다.

우리는 타인과 함께 기뻐하거나 슬퍼할 때 정서를 공유한다고 생각한다. 하지만 과연 그럴까. 예를 들어 누군가와 '사과는 맛있어'라는 말에 서로 공감했다고 하자. 그러나 그때 두 사람이 '사과'라는 말에 접근하는 잠재의식은 전혀 별개의 것이다. 한 사람에게는 일주일 전 슈퍼에서 사서 먹은 사과일지도 모르고, 다른 한 사람에게는 십 년 전 감기에 걸렸을 때 어머니가 정성껏 갈아준 사과일지 모른다.

 사과의 맛 하나를 봐도 그것과 연관된 방대한 양의 개별 기억이 있어 맛에 대해 각자의 기억대로 생각한다. 같은 말이라도 자극받고 있는 기억은 완전히 다른 것이다. 과거의 정보가 우리의 의식을 만들어내기 때문에, 뇌 내부의 반복적인 데이터를 통해 임장감(마치 현장에서 실제로 듣는 듯한 느낌)을 느끼는데 그것은 현실보다도 현실감이 높다. 우리의 의식이나 감정은 대부분 이렇게 반복되는 데이터의 영향을 받는다.

 외부의 새로운 정보가 입력되려면 뇌는 과거에 있었던 비슷한 일이나 감정을 끌어내 기억하거나 바로 전에 느낀 감정과 연결지어 기억을 지속시키려고 한다. 그래서 나는 여자 친구의 똑같은 행동에 전혀 다른 반응을 보였다. 과거의 일을 떠올리며 여자 친구가 음식을 만들어준 경험을 비교한 것이다. 현실을 있는 그대로 바라보지 못하고 멋대로 왜곡했다. 우리는 외부로부터 입력되는 정보보다 내부에서 반복되는 정보를 훨씬 리얼하게 받아들인다. 뇌라는 감옥에 갇혀 있는 것이다.

사소한 것이지만 나는 이 경험을 통하여 인식 주관(認識 主觀, 인식의 객관 대상에 대하여, 인식하는 일을 맡아보는 주체. 이성, 오성, 의식 등이 이에 속한다)이 기억의 반복에 근거하여 바깥세계를 해석하고 있다는 것을 깨달았다.

그때까지 나는 '혼자'라는 것을 중립적인 의미로 받아들일 수 없었다. '혼자 있는 시간'을 부정적인 의미로 파악하여 슬픔에 빠지거나, 오만하게 '나는 누구에게도 이해받지 못하는 고독한 엘리트'라고 여기며 극단적인 감정을 키우고 있었다. 하지만 그 경험을 통해 나는 인간은 결국 모두 혼자라는 사실을 받아들이게 되었다.

그것을 깨닫기까지 시행착오도 많았다. 수많은 인간관계를 깨트리고 스스로도 만신창이가 되었다. 그 과정에서 나르시시즘이 갖는 폭력성과 그에 따른 괴로움이 주는 악순환을 철저하게 배웠다. 뼈아픈 학습이었지만 그로 인해 지금은 마음을 다스릴 줄 알게 됐다.

최근에는 블로그나 트위터에 속마음을 풀어놓는 사람이

늘고 있지만 진짜 자신과 마주하는 사람은 점점 줄고 있다. 사이토 다카시 씨가 일기 쓸 것을 권하고 있는데, 일기는 자신을 되돌아보는 좋은 습관이라고 생각한다. 타인이 보는 것을 전제로 하는 블로그나 트위터는 기본적으로 남의 시선을 의식할 수밖에 없다. 상대로부터 내가 원하는 반응을 얻고 싶다는 기대를 가진다. 그런 사람끼리 사귀면 자기가 원하는 것을 상대에게 끊임없이 바라면서 서로를 갉아먹는다. 결국 모두 외로워질 뿐이다. 그뿐 아니라 오가는 말들이 가벼우면 아무리 많은 말을 주고받아도 진짜 마음은 전해지지 않는 공허함이 생긴다.

모든 인간은 고독하다. 서로를 완전히 이해하는 것은 불가능하다. 아무리 이해하려고 노력해도 모든 정보를 있는 그대로 받아들이지 못하고 기억에 근거하여 받아들인다.

인간만 고독한 것은 아니다. 살아 있는 모든 동물도 고독의 한가운데를 살아가고 있다. 살아 있는 한 누구나 혼자다. 그것은 자명한 사실이다.

물론 오롯이 혼자만의 시간을 갖기 어려운 세상이지만, 평소 생활 속에서 고독을 받아들이는 연습은 가능하다. 내가 권하는 방법은 타인과 이야기할 때 자신의 마음속에 생기는 감정과 생각에 주목하는 것이다. 그러면 타인에게 들은 말이 마음속에서 어떤 반응을 이끌어내는지 알 수 있다. 다른 사람과의 소통을 완전히 차단하지 말고, 소통 가운데서 고독의 의미를 깨달아야 한다. 그것이 자신과 마주하는 첫 걸음 아닐까.

중요한 것은 고독을 피하지 말고, 자신은 물론 상대 역시 고독한 존재라는 것을 인정하면서 고독에 대한 예의를 지키는 것이다. 그것이 나약한 자신을 알아가면서 타인과 소통하는 방법이다.

이 책에서는 그 연습을 적용하여 멋지게 고독을 돌파한 어른의 이야기가 있다. 아직 고독을 인정할 수 없는 사람, 고독에 괴로워하고 있는 사람이 있다면 이 책을 한 번 읽어보기 바란다. 고독과 당당하게 맞설 용기를 선사해줄 것이다.

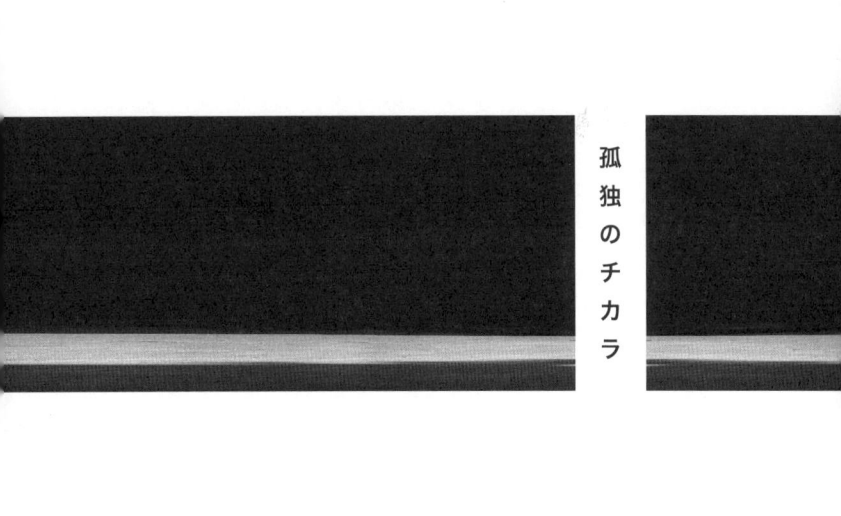

孤独のチカラ

장은주

일본어 전문번역가. 활자의 매력에 이끌려 번역의 길로 들어섰다. 옮긴 책으로는 『잡담이 능력이다』 『스물아홉 생일, 1년 후 죽기로 결심했다』 『옥스퍼드 공부법』 『중년수업』 『서른 살 직장인 공부법을 배우다』 『스님의 청소법』 『세계 최고의 인재들은 어떻게 기본을 실천할까』 『손정의』 『마흔을 위한 기억 수업』 『면역력 슈퍼 처방전』 『병에 걸리지 않는 면역생활』 등이 있다.

고요하고 깊게 나를 완성하는
혼자 있는 시간의 힘

초판 1쇄 발행 2015년 7월 27일
2판 1쇄 인쇄 2025년 6월 4일
2판 3쇄 발행 2025년 10월 2일

지은이 사이토 다카시
옮긴이 장은주
펴낸이 최순영

출판1 본부장 한수미
와이즈 팀장 장보라
디자인 이세호
사진 unsplash_matthew-henry

펴낸곳 ㈜위즈덤하우스 **출판등록** 2000년 5월 23일 제13-1071호
주소 서울특별시 마포구 양화로 19 합정오피스빌딩 17층
전화 02) 2179-5600 **홈페이지** www.wisdomhouse.co.kr

ISBN 979-11-7171-430-8 03320

- 이 책의 전부 또는 일부 내용을 재사용하려면 반드시 사전에 저작권자와 ㈜위즈덤하우스의 동의를 받아야 합니다.
- 인쇄·제작 및 유통상의 파본 도서는 구입하신 서점에서 바꿔드립니다.
- 책값은 뒤표지에 있습니다.